ゴルフの処方箋



練習なしでも10打よくなる!

# アプローチ・パター

## はじめに

# プロや上級者は練習のほとんどがアプローチ！

石川遼はショートゲームの達人である。大きなショットよりもショートゲームがスコアに直結することを知っているので、**練習量もショットよりもアプローチに多くの時間を割く**。石川遼に限らず、多くのプロも同じだ。トーナメントの朝、スタート前の練習でいえばSWのアプローチ（20〜30ヤード）から始まり、PW、8番アイアン、6番アイアンという感じで番手が上がっていき、ドライバーまでいったらまたSWに戻るというのが一般的だ。

練習日のラウンドでは、グリーンまでは普通にプレーするが、何球か転がしてグリーン面のラインをチェックしたあとは、毎ホールアプローチ練習がメインとなる。グリーンの左右、奥など、難しい場所を選んで3球ずつくらい打つ。**練習ラウンド中での実践練習に限らず、アプローチ練**

**習場があれば、そこで1、2時間練習するプロもいる**し、オフの練習もショートゲーム中心というプロが多い。

ところがアマチュアはどうだろうか。プロとは違いラウンドしながらアプローチ練習ができないのは仕方がないとしても、練習場でもアプローチをじっくりやっている人はほとんどいない。ドライバーやアイアンを使用したフルショットの練習に9割以上を割いているのではないだろうか。

アマチュアでもシングルゴルファーになるような人は、ショートゲームの重要性がわかっているから練習する。芝から打てるアプローチ練習場を探して通ったり、ショートコースに行ったり、家でできるアプローチ練習を工夫して編み出したりする人もいるくらいだ。シングルの人に「どうしてシングルになれたのか」という質問をすると、多くの人が**「アプローチの練習を増やして寄せワンが取れるようになったから」**と答える。アプローチを練習すればするほど、ハンディキャップが減るということは間違いないのだ。

# もくじ

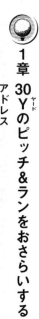

## 4章 バンカーからピタッと寄せる方法～これでバンカーが得意になる！～

## 5章　1回で決めるパッティング技術～これで寄せワンを実現する！～

## 6章 ショットの精度を高める練習法&道具

# 1章

# 30Y《ヤード》のピッチ&ランをおさらいする

アドレス①

# 打つ球を想像させる構えを作る

タイガー・ウッズなど一流プロのアプローチを見ていると、構えた瞬間にいかにも寄りそう（もしくは入りそう）な雰囲気を感じることはないだろうか。実はその感覚はとても正しい。**プロはミスの可能性が低く、寄る確率の高い構えをしている**からだ。ところがアプローチが苦手なアマチュアゴルファーの構えは、とても寄りそうには見えないし、いかにもトップやザックリをしそうだ。そして実際にミスをする。アプローチはその腕前が構えに顕著に現れるものなのだ。

この〝寄りそうな構え〟と〝寄らなそうな構え〟の違いとは？　それは**打ちたい球と距離に合った構えかどうかの違い**なのだ。タイガー・ウッズの構えは、これから打つアプローチの種類（例えばランニング、ピッチ&ラン、ロブショットなど）が想像でき、どれくらいの高さで打ち出してどこに落として寄せるつもりなのかまで感じられる。構えに技が現れているということは、それだけで**寄る確率が高く、構えた時には成否が決まっているようなもの**なのだ。

一方でアプローチが苦手なアマチュアは、例えばピンまで30ヤードなのに100ヤードくらい打つような構えをしていることが多いし、球を上げたいのか低く打ちたいのかもわからない。打つ前からミスが確定してしまっているような構えだ。平らな花道からの30ヤードのピッチ&ラン（クラブはサンドウェッジ）。プロの構えはまずクラブを短く持ち、上体の前傾角はやや深め、スタンス幅は肩幅よりも狭くややオープン、ボールは右足寄りに置いて体重は6対4くらいで左足に多くかけ、シャフトが左に傾くハンドファースト（手がヘッドよりも先行）の状態。アマチュアに多く見られるのは、クラブを通常通り長く持って前傾が浅く、スタンス幅が広く向きはスクェアで、ボールを真ん中に置いて体重配分は5対5、そしてシャフトが垂直になっている構え。そう、まるでフルショットを打つかのようなセットアップなのだ。

プロが前述したような構えをするのには、それぞれ理由がある。詳しく解説していこう。

アドレス2

# アドレスはインパクトを再現すればいい

まずクラブを持つ長さ。これは距離と球の高さに関係する。

- クラブを長く持つ＝飛距離を出す、球を上げる
- クラブを短く持つ＝飛距離を落とす、球を低く打つ

となる。**短い距離でも球を高く上げるロブショットは、クラブを長く持ってヘッドを走らせるし、フルショットで飛ばす時でもクラブを短く持つだけで球は低くなる**わけだ。

スタンス幅は単純に打つ距離に比例する。

- スタンス幅が広い＝飛距離を出す、球を上げる（ロブショット）
- スタンス幅が狭い＝飛距離を落とす

これはすべてのショットにいえることだ。

そしてオープンスタンスにする理由だが、まず体を少し開くとターゲットが見やすいということ。アプローチは手でボールをポンと投げるように打てとよくいわれるが、オープンスタンスだとよりその感覚に近くなるのだ。そしてバックスウィングが小さくなるというのもある。スタンスはオープンでもクラブの軌道はターゲットに真っすぐだから、体の向きに対してはクラブをインサイドに引くことになり、このことがバックスウィングを大きく上げにくくする。バックスウィングが無駄に大きくならなければ、飛びすぎのミスが防げるというわけだ。ボールがやや右足寄りなのは、ハンドファーストにインパクトするため。ボールが真ん中かそれよりも左だと、手元を左に出さないとハンドファーストにならなくなってしまう。グリップ位置はあくまで体の真ん中で、ボールを右に置くことで自然なハンドファーストの形を作るのだ。こうしてできた構えは、ずばりインパクトの形だ。「インパクトはアドレスの再現」とよくいわれるが、**どういう球を打ちたいかでインパクトの形が決まり、そのインパクトからアドレスを作る**という逆の発想なのだ。

## よいアドレス

I
上体の前傾角は
やや深め
II
クラブを
短く持つ
III
スタンス幅は
肩幅よりも狭く
ややオープン
IV
ボールは
右足寄り
V
シャフトが
左に傾く
ハンドファースト
VI
体重は
6対4で左足に
多くかかる

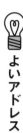

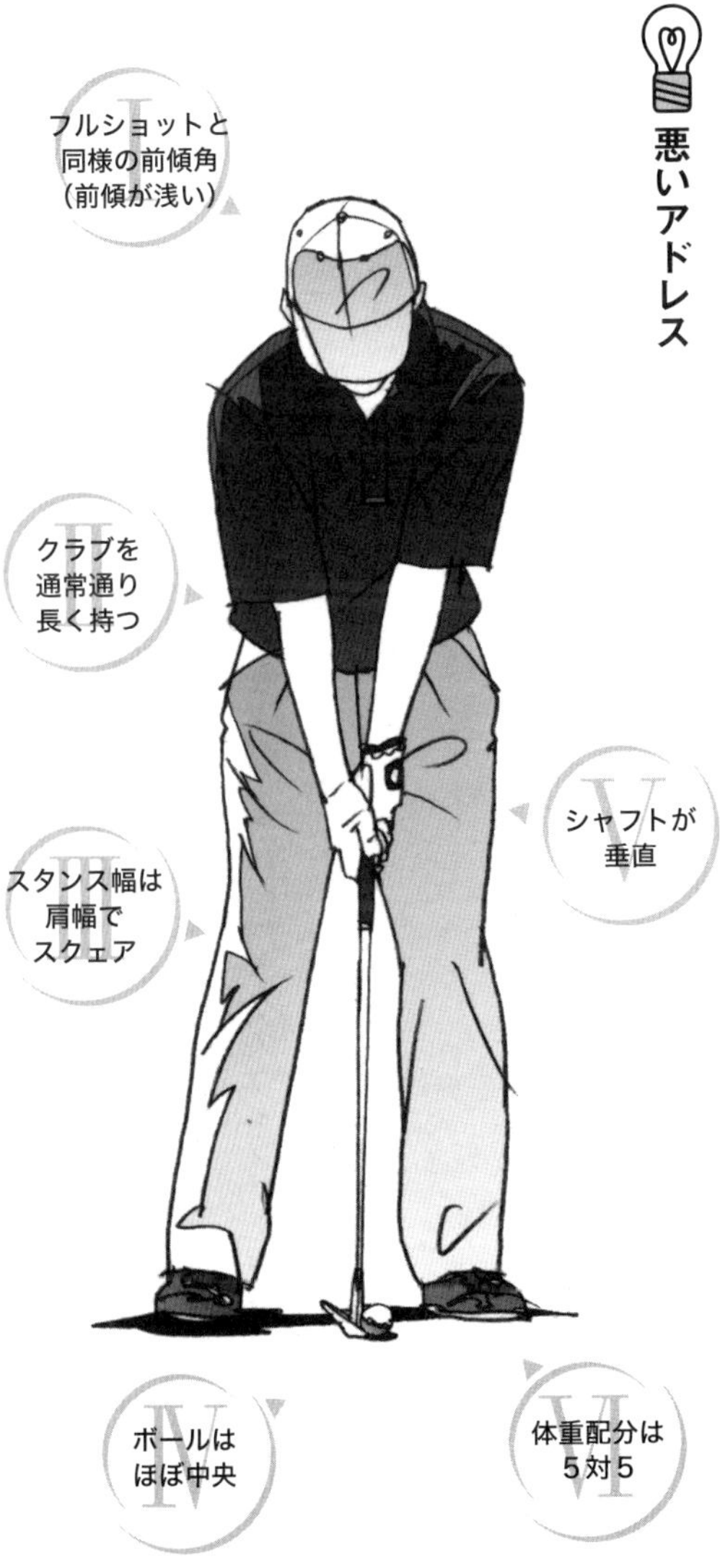
悪いアドレス
I フルショットと同様の前傾角（前傾が浅い）
II クラブを通常通り長く持つ
III スタンス幅は肩幅でスクェア
IV ボールはほぼ中央
V シャフトが垂直
VI 体重配分は5対5

バックスウィング

# クラブを手の力で持ち上げない

プロとアマチュアのアプローチの大きな違い。それは**バックスウィングを手の力で上げるか否か**である。例えばプロに「バックスウィングをどこの力で上げますか?」と質問した場合、「手の力」と答える人は100%いない。ところがアマチュアは、体は止まったまま手の力のみでクラブを上げる人が多いのだ。

では、プロはどこの力で上げているのか? 背筋や体の回転、または左肩などがその答えで、手や腕の力以外の部分を使っている意識だ。**手と腕はクラブを支えているだけ**なのである。

〝手で上げないバックスウィング〟の具体的な方法は、両わきを軽く締めたまま、アドレスでできた両腕と体の関係(腕と肩の三角形)を崩さずに保ち、**背中の左側の筋肉でクラブを飛球線後**

**方に押していく感覚**だ。ある程度距離があってクラブを腰の高さ以上に上げる時は、腰から上では右ひじが自然に曲がっていくが、30ヤード以内の距離なら三角形はずっと保ったままで問題ない。手と腕の力でバックスウィングを行った場合は、三角形は崩れ、ヘッドは地面から離れて高く上がってしまうが、背筋で上げればヘッドは低く長く真っすぐ上がりやすい。ヘッドが早く高く上がってしまうと、ヘッド軌道が狂いやすく、当然インパクトの打点がブレる。低く長いバックスウィングは、低くて長い安定したインパクトを生む上で重要になる。

そもそもアマチュアは「距離を飛ばさなくていいアプローチは、体を使わず手や腕の力で打てばいい」と考えてしまっているところがある。むしろ体はなるべく動かさないほうが確実に当たると勘違いしてしまっている人もいる。

確かに腕力だけでも打てないことはない。しかしヘッドスピードが出ないアプローチは、ヘッドに遠心力がかからないから軌道が安定しにくい。ドライバーよりも重量が重いウェッジをゆっくり安定して動かすには、**手先の筋肉ではなく大きな筋肉を働かせることが大切**なのだ。

# トップは距離に対して必要最小限の大きさ

30ヤードのピッチ&ランなら、バックスウィングはヘッドが腰の高さまで上がればOK。これ以上大きく上げるとミスにつながってしまう。そもそもアマチュアの**アプローチミスの大きな原因のひとつが、バックスウィングが大きすぎること**にある。距離に対してバックスウィングが大きすぎて、本能的にそれを察知して「これでは大きい！」と感じるから、インパクトでヘッドの勢いが緩み、ダフりやトップが出てしまうのだ。

これに対してプロのバックスウィング（トップ）の大きさは、距離に対して必要最小限の大きさ。だからダウンスウィングからインパクトにかけてヘッドの勢いは加速され、動きが安定するのである。

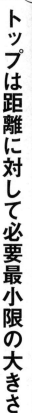

ヘッドが腰の高さまで上がったら、バックスウィングの時と同様に肩と腕の三角形を崩さずに下ろしていく。P16で述べたように、「正しいアドレスはインパクトの形とほぼ同じ」なわけだから、構えた形のままインパクトを迎えることが大切なのだ。これが「インパクトはアドレスの再現」ということであり、**そもそもアドレスが間違っていたら再現しても当然ピンには寄っていかない**。「構えた時にアプローチの成否が決まる」というのはこういうことなのである。

アドレスと同じ形でインパクトを迎えられたら、ハンドファーストに当てられるはずである。経験の浅いゴルファーなどは「ハンドファースト」というと、ダウンスウィングで手だけを無理に出して当てようとしてしまう。これはレッスン用語が生む弊害のひとつなのだが、ハンドファーストの形はあくまでアドレスで作っておけばいいのである。

注意したいのは、いくら**アドレスを再現するとはいっても、インパクトはあくまで通過点**だということ。インパクトの形を意識しすぎるとヘッドが加速しないし、無駄な力が入ってしまう。正しいアドレスができていれば、あとは自信を持って振り抜くことが成功の秘訣だ。

フォロー〜フィニッシュ

# 格好いいフィニッシュを目指す

アドレスと同じように、フィニッシュにもアプローチの腕前は現れる。単純にいえば、プロのフィニッシュは格好よく、アマチュアのフィニッシュは格好悪いのだ。つまりは、そこに至るまでのクラブや体の動きが変なのだ。ということは、**格好いいフィニッシュを目指して振れば、クラブや体の動きもよくなる**ともいえる。

格好いいフィニッシュの源は主に6つだが、特に重要なのが、**両腕もクラブも体の正面に保たれているということ。これが手ではなく体で打っている証し**なのだ。

アプローチが苦手なアマチュアの場合は、①インパクトで伸び上がるから前傾が保たれない、もしくは上体で当てにいって前傾が深くなる、②手だけでヘッドを振るから、腕とクラブが体の左側に外れる、③手首を使って打つからヘッドだけ左に外れる、④球を上げようとしてフェースが開き、リーディングエッジが水平になる。または手を返してしまってリーディングエッジが垂直になる、⑤腰がまったく回らないか、後ろに引ける、⑥バランスが悪くピタッと止まれない。身に覚えがないだろうか？

**これが格好いいフィニッシュだ！**

Ⅰ 上半身の前傾が最後まで保たれている

Ⅱ 両腕と肩の三角形が崩れていない

Ⅲ クラブのヘッドが体の正面にある

Ⅳ リーディングエッジと上体の傾きが平行

Ⅴ 腰がしっかり回っている

Ⅵ フラつかずにボールを見送る

こぼれ話

## ミケルソンはSWのアプローチでスウィング改造した

フィル・ミケルソンは石川遼のようにアマチュアでツアー優勝し、鳴り物入りでプロ転向したが、その後10年以上メジャートーナメントで勝てなかった。当時は飛ぶけどとにかくよく曲がり、いつも林の中からセカンドショットを打っていたイメージがある。そんな彼のスウィングが劇的に変化したのが、マスターズで初優勝する2004年。SWのアプローチショットによるスウィング改造に成功したのだ。SWで30ヤード、40ヤード、50ヤードの低い球を打つことをひたすら繰り返したミケルソン。ロフトのあるSWで低い球を打つためには、手首をあまり使わずに入射角を緩やかにしないといけない。そしてインパクトを長くするために体重移動もしっかりしないといけない。それまで左足（右利きの場合の右足）に体重が残る、手首を使ったタメの強い「飛ぶけど曲がる」スウィングだったのが、インパクトゾーンの長い「飛んで曲がらない」スウィングに変わったのだ。

ミケルソンの例からもわかるように、アプローチの練習はスウィング作りにもなる。プロがアプローチ練習に時間を割くのは、そういう意味もあるのだ。

# 2章

# ピタッと寄せるアプローチの基本

～50Y《ヤード》以内のミスの原因を撲滅！～

ザックリ&トップを撲滅する①

# 「胸から下」の下半身だけで打つ

小技上手といわれているプロ、藤田寛之は、「アプローチはどんなに短い距離でも小手先では打たない。下半身主体でクラブを振っている」と言う。また、片山晋呉は「アプローチは足で打つ」という。それぞれの意味合いは微妙に違うが、**トッププロは手や腕の力で打つ意識がないことは確かであり、これがザックリやトップが出ない最大の要因**なのだ。ウェッジの総重量というのはプロの場合だいたい４６０～４７５グラム前後。アマチュアが使うウェッジはもう少し軽い（アイアンとセットになっているカーボンシャフトのウェッジなどはかなり軽い）が、それでもドライバーよりは重いのが普通だ。この重いウェッジを安定して動かすには、**手先の小さい筋肉よりも大きな筋肉を使ったほうがいい。クラブを動かすエネルギーが増える**からだ。

ミスが多いアマチュアは、手と腕の力だけでクラブを振ってしまう。少ないエネルギーで重いものを動かそうとしても、コントロールが利かないのは当然なのである。さらにP21で述べたように、アプローチはヘッドスピードが遅い動きだから、ヘッドにかかる遠心力が少ない。ドライバーで遠心力を生かして振ることを「ヘッドに仕事をさせる」と表現するが、アプローチは「ヘッドが仕事をしない」わけだ。そのため、ヘッドが仕事をしない分、自分の体に仕事をさせて軌道を安定させる必要があるのだ。では、藤田寛之の言う「下半身主体」とはどういうことか?

これは腰の回転で打つということだ。バックスウィングは肩の回転で行い腰はあまり回さないが、ダウンスウィングでは腰をクルンと回していく。片山晋呉の「足で打つ」という表現は、簡単にいえば体重移動で打つという意味合い。狭いスタンス幅の中でも、トップでは右足に体重が乗り、そこから左足へ体重を移動させながら体を回していくのだ。どちらの打ち方も見た目にあまり差はなく、意識がどこにあるかの違い。いずれにしても、胸から上の**上半身は、下半身の動きによって「動かされている」だけであり、そこに意識はない**のがプロのアプローチなのだ。

ザックリ&トップを撲滅する❷

# 手首の角度を変えない

**タイガー・ウッズがアプローチの時に、打ちたい球によってグリップの握り方を変えていること**はあまり知られていない。球を高く上げるアプローチでは普通に握るが、球を低く出して転がしていく時は、パッティングの時の逆オーバーラッピング（左手の人差し指を右手に乗せる）で握っているのだ。こうすると、右手に乗せた左手人差し指が手首の動きをロックする効果がある。あの**タイガーでさえ手首を固定することを重要視している**のだ。

　タイガーなら普通のグリップをしても手首はそれほど動かないはずだが、アマチュアの場合はそうはいかない。特に目立つのは「アプローチは球を上げるもの」と思い込んでいて、インパクトでボールをすくうような動きをしてしまう人だ。右手首をターゲット方向（手の平側）に折って球を上げようとし、トップやザックリを招いている。どうしても球を上げなくてはいけない状況では手首をやわらかく使う場合もあるが、実際にはそんな状況は滅多にない。ほとんどのアプローチは**ロフトが上げてくれる高さで十分なので、手首を使う必要はない**のだ。

手首を使って打っても、上手くいけばダフったりせずに当たるだろう。しかしインパクトのロフト角が変わるから、球の高さが安定しない。球の高さが毎回バラバラでは距離感が生まれず、ちゃんと当たってもショートしたりオーバーしたりする。そしてロフトだけでなく、フェースの向きも狂いやすく、球は右に左にバラけてしまう。以上の理由から**アプローチでは手首は絶対に固定したほうがいい**のである。

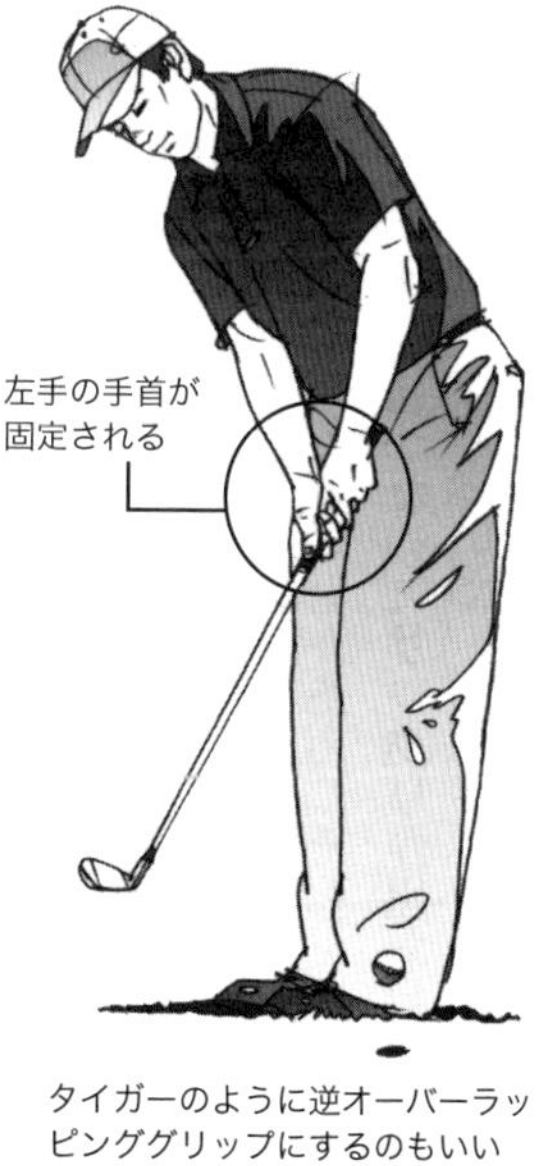


タイガーのように逆オーバーラッピンググリップにするのもいい

ザックリ&トップを撲滅する③

# 小さい振り幅でもゆっくり振る

スウィングの形を意識しすぎると過剰な力みにつながってしまうことがある。そしてその力みは、本来持っている自分のリズムを殺してしまう。形は理論通りなのに**ザックリが出たりする場合は、大抵リズムが原因**なのだ。そしてもうひとつリズムが狂いやすいのが、30、40、50ヤードくらいの、中途半端な距離。グリーン周りのアプローチならパッティングの延長のような感覚で打てるが、30ヤード以上になるとショットに近い。しかし決してフルショットではない。この中途半端さがリズムを乱してミスにつながるのだ。

スウィングはリズムが大切というのは上手い人ほどよく口にする。そして**プロはドライバーからパターまで一貫して同じリズムで打っている。**ところがアマチュアは振り幅が小さくなった途端に、フルショットと同じリズムで振れなくなってしまう。フルショットの「チャー・シュー・メーン」が、アプローチになると「チャ、シュ、メン！」と速くなってしまうのだ。

小さい振り幅でもフルショットと同じリズムで振るには、ゆっくりと体を使って振るイメージを持つこと。「チャー・シュー・メーン」でも「イチ・ニイ・サーン」でもいいから、フルショットと同じリズムを頭で刻みながら打つとゆっくり振れるはずだ。特に注意しなければならないのが、切り返しだ。バックスウィングはゆっくり上げられても、切り返しで突然慌てたように速くなってしまう人が多いからだ。これはプロもよく言うことだが、「トップで間を持たせる」ことでこの打ち急ぎは防げる。コツとしては、**トップで一瞬クラブが止まる時に、その重さとクラブがある場所を意識の中で確認する**こと。そして下半身を先行させて打つこと。そうすれば「間」が生まれて、ゆったりとしたリズムのままダウンスウィングに入っていける。

スウィングの形を意識しながら打って悪癖を直すのは、練習場での作業。コースに出たら、形は気にせず、リズムとターゲットだけに集中することが、ミスをなくす確実な方法なのだ。

ザックリ&トップを撲滅する④

# ボールの横からソールを滑らせる

「クリーンヒットさせたい」という気持ちが仇になる場合がある。何が言いたいかというと、クリーンヒットというイメージは、リーディングエッジをボールと地面の狭いすき間にきっちり入れたいという意識につながる。そしてヘッドを斜め上からボールの手前に落とそうとして、リーディングエッジが地面に刺さりザックリになる。要するに上から打ち込みすぎてしまうのだ。

この**「ヘッドを上から入れる」動きが、アプローチのミスを生む諸悪の根源。**スピンをかける時以外は、ヘッドはボールの横から水平に入っていけばいいのである。ＳＷのソールは幅が広いから、地面に刺さりにくく滑りやすくできている。これを利用して、手前の芝からヘッドを滑らせていけばいいのだ。これなら思ったよりも手前にヘッドが落ちてしまっても、そこからソールが滑っていってくれるからザックリにならない。インパクトが1点ではなく、アバウトになるからミスが激減するのだ。

- フェースを少し開き、ソールをより滑りやすくする
- ヘッドを低い位置から入れるためコックを使わない
- フォローでクラブを持ち上げずに、低く出していくこと
- ダフったと思ってもしっかり振り抜くこと

以上が注意点だが、**特に最後の「しっかり振り抜く」ことがもっとも大切**。

ザックリの経験が多い人は、少しでも芝に深く入ると手に伝わってくる感触で「ダフった!」と感じてクラブにブレーキをかけてしまうのだ。これではヘッドを低く入れても意味がない。確かにあの感触は嫌なものなのだが、**気持ち悪さに負けずに振り抜いてしまえば、ボールはちゃんと前に飛んでくれる**のだ。

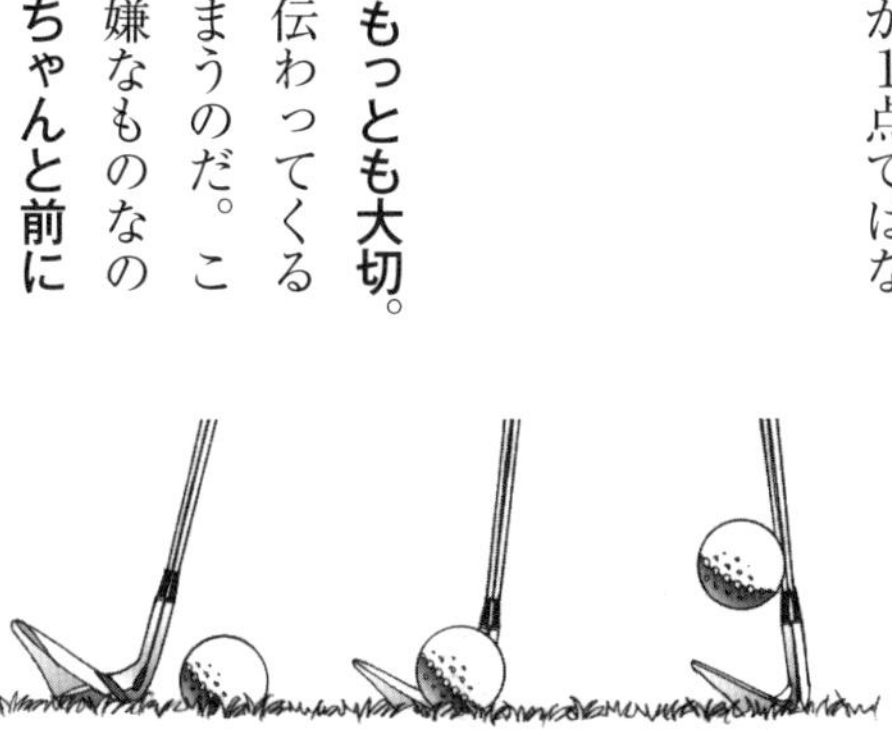

手前の芝からヘッドを滑らせれば、ボールはフェース面をかけ上がる

ザックリ&トップを撲滅する⑤

# 体重移動してヘッドの最下点を左にズラす

アプローチの体重移動には2つの意味合いがある。

ひとつはインパクトゾーンを長くするため。体重移動なしで体の回転のみで打った場合、いくらヘッドを低く長く振ろうと思っても、自然に軌道はインサイドインになる。ここに**体重移動（＝横移動）を加えれば、ヘッドがボールの前後で真っすぐ動く幅が長くなる**のだ。だからといって体重移動が大きすぎても体が流れてバランスを崩してしまうから、**移動した体重は足の内側（両足の親指）で受け止めることが大切**だ。

もうひとつはダウンブローに打つため。ダウンブローとはいっても、P34でも述べたように上からヘッドを打ち込むわけではない。ボールの横から振り抜けばいいのだが、この時のヘッド軌道の最下点を体重移動によって左にズラすことで、結果的にボールに対してヘッドはダウンブローに入るようになるのだ。

いくらヘッドを低い位置から入れてもダフるという人は、右足体重で打っているから最下点がボールの手前になってしまっている可能性がある。こういう人は、体重移動をすればダフりがまったく出なくなるはずだ。

体重移動するとトップしそうと思う人がいるかもしれないが、心配ご無用。リーディングエッジがボールの赤道よりも下にさえ入れば、たとえハーフトップ気味でもボールはフェースの上をかけ上がるように上がってくれる。**体重移動によってフェースにボールが乗る時間は長くなるから、スピンも効いてくれる**のだ。

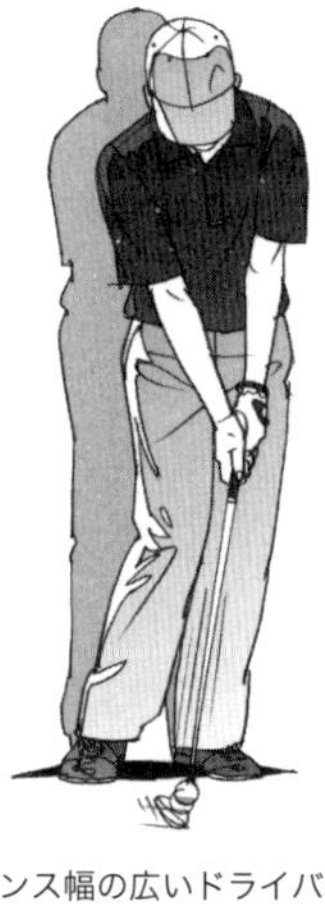

スタンス幅の広いドライバーは体重移動の幅は大きいが、スタンス幅に対する体重移動の割合は、アプローチがもっとも大きくなる

ザックリ&トップを撲滅する⑥

# バックスウィングを小さくする

プロのアプローチ（ピッチ&ランやランニング）は、振り幅が小さく「ショートしそう」と思ってもしっかりとカップまで寄っていく。これに対してアマチュアのアプローチは振り幅が大きく、いかにもオーバーしそうなのにカップまで届かないことがある。この違いは何が原因なのか？

これは**インパクトが加速しながら当たっているか、減速しながら当たっているかの差**なのである。アマチュアは、特に経験の浅い人ほどバックスウィングが大きすぎる傾向がある。大きく振り上げておいて、本能的に「これでは大きい」と感じるからインパクトでスピードを緩めてしまう。腕が縮こまったり、急に力を入れてヘッドにブレーキをかけ、その結果ザックリやトップが出るし、偶然フェースに当たっても距離はまったく届かないのだ。バックスウィングを大きく上げすぎてしまうのも、インパクトが緩むのも、手や腕の力に頼って振っていることが原因。**手は使わずに体幹の筋肉と体重移動、そして体の回転で振っていれば、振り幅は自然にコンパクトになる。**やはりまずは手打ちを直すことが、アプローチ上達においての重要課題なのは間違いない。

そしてバックスウィングが大きくてフォローがそれよりも小さいことが、緩みの原因なのだから、左右対称の振り幅で打つこと。大きいバックスウィングに慣れている人は最初はオーバーしてしまうかもしれないが、とにかくしっかり振り抜くことを覚える必要がある。

その上で、いかに小さい振り幅であまりスピードも上げずに遠くまで飛ばせるかという練習をするといい（決して手や腕の振りでスピードを出さないこと）。同じ振り幅でもプロのほうが強い球が打てるのは、体力などの問題ではなく、体の使い方、エネルギーの伝え方によるのだ。**小さい振り幅で強い球を打つには、手に頼らずに体で打つ必要がある**ことが、実感としてわかるはずだ。こういう練習を積むと、バックスウィングが大きくなりすぎることはないし、小さい振り幅で打てるからミート率が上がるし、ヘッドは自然に加速しながら当たってくれるはずだ。

コースで突然シャンクが出たら①

# まずボール位置をチェック

シャンクというのは、クラブ（アイアン）のネック部分の丸みにボールが当たって、ほとんど真右にボールが飛び出すようなミスショットのことである。それまで何でもなかったのに、一度出だすと止まらなくなってしまったりするので、「シャンク病」と呼んで忌み嫌う人も多い。

では、シャンクとは一体何が原因で、コースで突然出だしたらどうすればいいのだろうか。

シャンクの原因は大別して2つしかなく、ひとつは**ボール位置（アドレス）の問題**、もうひとつは**打ち方の問題**である。

まずは、ボール位置によって起こるシャンク対策から（打ち方の問題についてはP42参照）。

先述したように、シャンクというのはクラブのネックにボールが当たる現象。ならば、ボールに近づきすぎているのが原因ではないかと、誰もが考えるのではないか。そうして、意識してボールから離れて立ち、ますますシャンクを連発するという悲劇が起こる。実は、**ボールから離れて立つほどシャンクは出やすい**のである。

というのは、適正な位置より離れた場所にあるボールを打とうとすると、どうしても手を前に出さなくてはいけない。その手の動きと、スウィングの遠心力がヘッドを余計に体から遠ざけてしまい、結果ネックに当たるのである。

また、ボール位置が右足寄りすぎる場合も、シャンクが出やすい。クラブヘッドというのはスウィング中にローテーションしながら下りてくるわけだが、ボールが右足寄りにあると、まだフェースが返りきっていない状態（ネックが前に出た状態）でボールに当たりやすい。それを本能的に察して、ボールのある位置で返そうとしても、その時に手が前に出るのでネックに当たる。

**コースでシャンクが出たら、まず、ボールに対して、構えた時のポジションが適正かどうかのチェックが必要**だ。

コースで突然シャンクが出たら②

# アウトサイドインの軌道でフェースを閉じて振る

ボール位置（アドレス）が適正であるにもかかわらず、シャンクが出る、となれば、これは打ち方の問題である。具体的には①**クラブ軌道がインサイドアウトすぎる**、②**インパクトでフェースが開いている**、という2つの原因がある。

まず、①のケースだが、クラブというのはインサイドから下ろそうとすればするほど、（フェースローテーションのタイミングが遅れて）ネックが前に出ている時間が長くなる。したがって、シャンクになりやすい。

例えば、持ち球がドローの人、ダウンスウィングで右わきを締める意識が強い人、右ひざを送る動きが過剰な人などがこれに当たる。

直し方としては、**クラブがインサイドから下りている自覚のある場合は、思い切ってアウトサイドイン（カット軌道）にクラブを振ってみる**。それで、当面はシャンクが出なくなるはずだ。

②のケースは、フェースが開いているとネックが前に出るのでシャンクしやすいのはもちろんだが、仮にフェースに当たったとしても、「ペチン」と頼りない打感がして、力なくボールが右に飛び出すことがある。

このボールが出るようなら、間違いなくインパクトでフェースが開いていると考えていい。フェースが開く原因は、体の開きが早い（振り遅れ）、左肩が上がる（すくい打ち）、右手の使い方が悪い（フェースローテーション不足）などがあるが、これらはスウィングのクセとして定着している場合が多いので、なかなかすぐに直すというのは難しい。

コースでどうしてもシャンクが止まらない場合の応急処置としては、**フェースを極端に閉じて構えればいい**。ただし、これはシャンク以外のミスを誘発する危険がともなうというリスクを覚悟しておく必要がある。

距離感の作り方①

# 10ヤード単位の振り幅の法則を作る

プロや上級者は、アプローチの距離感を「感覚で作る」人と、「マニュアル（法則）で作る」人に分かれる。もちろん感覚派の人もある程度の法則はあるし、マニュアル派の人も感覚をプラスして打ってはいる。どちらを優先しているかの違いだ。

しかし**アベレージゴルファーは絶対的にマニュアルを作ったほうがいい**。というのは、感覚に頼った距離感は、よほど練習を積んだりコースに頻繁に出ていないと養えないからだ。

ではそのマニュアルの作り方。距離を出す、落とすにはいくつかの方法があるが、もっとも簡単で一般的なのが振り幅での打ち分けだ。まずはひとつの振り幅による「基本の距離」を作ること。**何も考えずに気持ちよい振り幅で何球も打った時に、もっとも球が集まったのが30ヤードな**

**ら、それを「基本の距離」にする**のだ。その30ヤードの振り幅（手の位置）が腰から腰なら、40ヤードは胸から胸、というふうにマニュアル化するのである。

以下にマニュアル派の上級者に多い振り幅の法則をあげてみよう。

- 10ヤード　足首から足首（ヘッドの位置）
- 20ヤード　ひざからひざ（ヘッドの位置）
- 30ヤード　腰から腰（手の位置）
- 40ヤード　胸から胸（手の位置）
- 50ヤード　肩から肩（手の位置）

これはSWでノーマルのピッチ&ランを打った場合のマニュアル。SWよりもAWをメインに使いたい人は、当然これよりも振り幅は小さくなる。

この法則はあくまで目安だから、ボールのライや風などによって感覚的な調整は必要だ。

距離感の作り方②

# 短く握って飛ばない構えを作る

すべてのショットにいえることだが、クラブを短く持つと球に伝わるエネルギーが減るので、飛距離が落ちる。誰もがなんとなくわかってはいるはずだが、実際にアプローチで短く持っている人は意外と少ない。グリップエンドぎりぎりを持って打っている人が多いのだ。

ただ短く持つだけで球を飛ばさなくできるのだから、これを利用しない手はない。合理的な発想をすることで有名な片山晋呉は、**クラブを持つ長さで距離感を作っている。**SWのフルショットが80ヤードで、5センチ短く持って70ヤード、10センチ短く持って60ヤード、という具合だ。短く持つほどに構えが小さくなり、振り幅も自然に小さくなる。振り幅をどこと意識するよりも、このほうが簡単だと言うのだ。グリーン周りでも、下りのアプローチなどでは右手の親指と人差し指はシャフトのところを持つくらい短く持っている。そしてグリップエンドがお腹につきそうなくらい、小さく構えて打つ。「ほんの少ししか飛ばしたくない状況だったら、限界まで小さく構えるのは自然なこと」と語っている。ウンと短く持ってそれに合わせてボールの近くに立って**窮屈に構えれば、クラブを大きくも速くも振れない**。構えで球が飛ばない状況を作っておくわけだ。アプローチではインパクトが緩むことは厳禁だから、物理的に飛ばないようにしておいて、その中でしっかり打てばインパクトは緩まないというメリットもある。

また、**フェースを開くのも球を飛ばさない方法のひとつ**。横峯さくらは、60ヤードはスリークォーターで、40ヤードがハーフショットとスウィングの大きさで打ち分けているが、その中間の50ヤードは60ヤードのスウィングでフェースを開いて打っている。

振り幅を細かく分けられない人は、横峯のようにフェースの開閉もミックスさせた法則を作ればいいのだ。

距離感の作り方③

# SWを主体に距離感と自信を作っていく

プロや上級者はSW1本でいろいろな技を繰り出している印象があるかもしれないが、そんなことはない。それは昔、AWというクラブがまだ存在しなかった頃の話だ（いまでもSW1本の人もいるが）。日本のアプローチ名人・藤田寛之は、**練習はSW1本でやっているが、試合になるとAWやPWも使うし、8番アイアンで転がすこともある。**現在はこのスタイルが一般的なのだ。

SWやAW1本にクラブを決めると、技はたくさん覚えないといけないが、距離感はつかみやすい。反対に、状況に応じてクラブを替えて打つのは、打ち方はあまり変えなくていいが、クラブごとの距離感を覚えなくてはいけない。

ただし、打ち方は変えずにクラブを替えるという方法は、安全なようだが技のバリエーションが増えていかない。SWでフワリとやわらかい球を打たないといけないような時に、対応できなくなる可能性があるのだ。練習量もラウンドも少ないアマチュアは、**アプローチに使うクラブを1本に決めて、そのクラブをたくさん使うことで距離感を作っていくほうがいい**だろう。

理想としては、プロのようにSWを主体に練習して、あらゆる打ち方を身につけ、距離感もつかんでどんな状況にも対応できるようにしておく。その上で、SWでもAWでもPWでも打てそうな場合なら、その中から**もっとも寄る確率の高いクラブを選択する**のがスコアアップにつながるスタイルだ。

**クラブを選択する時は、発想の柔軟性も大切にしたい**。使うクラブはPWまでとか決めてしまわずに、キャディバッグに入っている14本すべてが選択肢のひとつと考えるべきだ。

タイガー・ウッズは、グリーンエッジからのアプローチで3番ウッドを使うことがある。転がりが重くなってしまうカラー部分だけ飛び越えて、グリーンのいちばん手前から転がしていきたい時に、3ウッドのロフトが最適ということなのだ。

距離感の作り方④

# 頭の中で手でボールを投げてみる

プロのアプローチが寄るのは打つ前に、どれくらいの高さでどこに落ちてどれくらいスピンがかかってどれくらい転がって寄っていくのか、頭の中で具体的な映像を思い描いている。対してアマチュアは、球の高さくらいはイメージするかもしれないが、あとは漠然と打ってしまう。この時に最後にカップを見て打つから、カップ近くにキャリーしてそこから転がって大きくオーバーすることが多いのだ。プロのように弾道を鮮明にイメージすると、球の高さも速さも転がる距離も決まるから、最後に見るのは球をキャリーさせる「落とし所」だ。要するに、アプローチは**カップを狙うショットではなく、「落とし所」にどれくらいの角度からどれくらいの速さの球を落とすか、**というショットなのだ。

この「カップを狙う」と「落とし所を狙う」という違いが、距離が合わない、合うという結果として現れるわけだが、どうすれば落とし所を決められるのかわからないという人も多いだろう。これに関しては、小技に定評のある芹澤信雄がこんなことを言っている。

「弾道のイメージを頭の中で描けるようになった時に、初めて距離感というものが生まれる。イメージを描くには、頭の中でボールを右手で下からポーンと投げてあげればいい。ただ投げるだけなら、どんな球でどこに落とせば寄っていくか想像がつくはず」

手で投げる感覚でイメージすれば、落とし所もわかりやすい。しかし、これには注意点がある。

①ボールのライをチェックする（ボールが沈んでいたら使うクラブが限られる）
②落とし所は平らな場所がいい（素直に跳ねる場所を探す）
③落とし所から先のラインを読む（上りなら強めに落とさないといけない）

ここまで考えられたら、おのずと**使うクラブが決まってきて、落としてからの転がりも計算がつき、チップインまで狙えるようになる**はずだ。

距離感の作り方⑤

# 素振りで3回球を打つ

頭の中でボールを投げてみて落とし所が決まったら、次はそこを狙いながら素振りをするのがプロの手順である。タイガー・ウッズのアプローチの前の素振りを見ていると、ボールの場所を見るのではなく、カップ方向を見ながらクラブを2回、3回と振っていることがわかる。あれは**落とし所を見て「あそこにこれくらいの高さ、強さの球を落とす」ということを想像しながら、その球が出るインパクトの強さやクラブの入れ方を確認**しているのだ。そこがラフなら芝の抵抗の強さを確かめ、そして芝の薄いライならその下の地面の硬さを確かめる作業でもある。

タイガー・ウッズでなくても、人間は誰しもイメージしたことを体で実行する能力を持っている。そのイメージが鮮明であればあるほど、体は敏感に反応して思い通りの結果を出せる。

プロたちが「アプローチは想像力が大切だ」と口を揃えて言う理由はそこにある。そしてその**想像したことを体とつなげる作業が素振りの役目**なのである。

2、3回素振りをして「よし、これで寄るぞ」と確信を得られれば、もう9割は成功したも同然。しかし日ごろからイメージ力（想像力）を働かせていないと、なかなか確信は持てないかもしれない。そんな時は、1回目の素振りであえて少し大きめにクラブを振ってみる。そして頭の中で飛んでいった球がオーバーしたら、次は小さい振り幅で素振りをしてみる。「これでは弱いな」と感じたら、最後はその中間の強さで素振りをして、「よし、ぴったり」と自信をつける方法がお勧めだ。

3種類の強さの球を素振りで打ってみて、イメージした距離感が合っているのか確認するのだ。**素振りというのは本番直前に行う「リハーサル」**。せっかくリハーサルができるのに、頭の中で球を打たないのでは意味がない。アプローチに限らずフルショットでも、「素振りで球を打つ」というクセをつけると、本番でのパフォーマンスは必ず向上するはずだ。

距離感の作り方⑥

# 何ヤード飛んだのか確認して次に活かす

50ヤード以下のアプローチは、実際にピンまで何ヤードあるのかわかりにくい。コースのヤード表示は大抵１００ヤードまでだし、グリーンの近くまで来てキャディさんに距離を聞くのも恥ずかしい。プロのように歩測するわけにもいかないから、ただ漠然と見た目で「40ヤードかな」と思って打ってしまう。そうすると、たとえそれがショートしても、実際は40ヤード飛んでいて40ヤードと思ったのが間違いだったのか、実際に30ヤードしか飛んでいなかったのかはわからない。これではいつまでたっても本当の距離感は身につかないのだ。

理想は毎回グリーンまで歩測するなりして正確な距離を測ることだが、あれはプレーの早いプロだから許される行為。アマチュアが歩測するとスロープレーになるのでマナー違反だ。ではどうするか？

とりあえず**目測で打っておいて、打ったあとに必ず歩測するようにする**のだ。いま自分が打った球が何ヤード飛んだのか、そしてピンまでは実際に何ヤードだったのか。「30ヤードのつもりで打ったけど25ヤードしか飛んでいなくて、ピンまでは35ヤードだった」という感じだ。それを確認することで、次のアプローチではそのデータが活かされる。そうして**データを蓄積していくことで、目測も正確にできるようになっていくし、アプローチの距離感も詳細に作られていく**のだ。「歩測の練習」までしている人もいる。1ヤードはだいたい「大股の1歩」といわれているが、人によって大股の距離には差がある。そこで利用できるのが横断歩道だ。横断歩道の白線から白線までが約1ヤード（91・44センチ）。道路を横断する時は、必ず白線の端につま先を合わせるなどして、1歩1ヤードを体に覚え込ませるのだ。この「歩測の練習」によって1ヤード幅で歩けるようになったら、次に行うのが「目測の練習」。道を歩きながら「次の電柱まで何ヤード」と目測して、実際にそこから歩測するわけだ。

距離感の作り方⑦

# 「なんか届かなそう」を信じる

ここまでは自分なりの距離のマニュアルを作っておく方法を紹介してきた。しかし**マニュアルで作れる距離感は、大抵10ヤード刻みが限界。**大きな前後のミスはないものの、カップ際にぴったり寄せるには限界がある。ゴルフ場は風が吹くし、グリーンの硬さに差があるし、目測した距離と実際に打つ距離がどうしても合わない日もあったりするからだ。そこで活躍するのが、**自分が持っている感性（感覚）**だ。マニュアルをもとにボール位置や振り幅を決めてみて、素振りの段階で「なんか届かなそう」と感じたら、クラブを替えたり、振り幅を大きくしたりして打つ距離を増やせばいい。その「届かなそう」は根拠がなくてもいい。**直感的に届かないと思ったら、その感覚を信じて強く打ったほうが、結果はいい場合が多い**のである。それに花道や浅いラフならほぼマニュアル通りの距離が打てるが、深いラフや斜面になるとそうはいかない。ボールのライごとに新たなマニュアルを作るわけにはいかないから、そういう場面では「このラフの抵抗感なら、これくらい大きく振らないと届かない」というように自分の感覚に頼るしかないのだ。

アプローチで絶対に避けたいのは、迷いながら打つこと。**迷いはインパクトの緩みや力みにつながり、距離が合うどころかザックリやトップが出てしまう**からだ。「届かないかも」と迷いながら打つくらいなら、「届かなそうだから強く打つ」とはっきりと決めることが大切なのだ。

こういう感覚を磨くには、練習場で1球ごとに距離を変えて打つ練習がいい。アニカ・ソレンスタムは、キャディが野球のグラブをつけて1球ごとに前後左右に移動し、そこを狙う練習をよくしていた。そしてすべての球がきれいにグラブに収まるのだ。いちいち何ヤードと考えず、見た目でパッと打つ。そんな練習もたまには必要なのである。

しかし**感覚を活かすには、基本の打ち方がしっかりと身についていることが絶対条件**。ボールがフェースの芯に当たらないことには、マニュアルも感覚もまったく意味をなさないのである。

ピッチ&ラン

# アプローチの8割をカバーできる

いくつかあるアプローチでもっとも**使い勝手がいいのがピッチ&ラン**。実は女子プロの中にはこの技ひとつで戦っているなんて人もいるくらいだ。いわば最初に覚えるべきアプローチの超基本なわけである。打ち方については1章で述べているので、ここでは使うべき状況について解説。とはいっても、多くの状況で有効な技なので、ピッチ&ランを使えない状況をあげていこう。

①バンカー越えでピンが手前
②深いラフに沈んでいる
③逆目の深いラフ
④砲台グリーンでピンが手前

⑤ベアグラウンド

要するに、ライがよほど悪くて特殊な打ち方をしないといけなかったり、ピンが手前でグリーン手前が転がせる状況ではない時だけはＮＧで、あとは大抵カバーできてしまう。バンカー越えでもグリーンエッジからピンまである程度距離があるなら、ＳＷでボールを左足寄りに置いて高めのピッチ＆ランでいい。花道からでピンがやや奥なら、ＡＷやＰＷでランが多めのピッチ＆ランを打てばいい。**クラブやボール位置を変えれば、ひとつの打ち方で何通りもの球が打ち分けられる**万能アプローチなのだ。有効活用するには、このクラブでこのボール位置なら、キャリーがどれくらいでランがどれくらいなのかということを把握しておく必要がある。

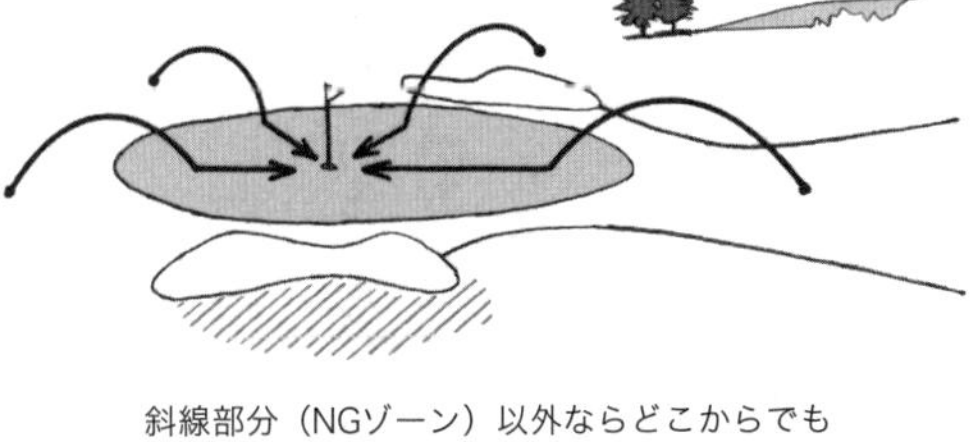

斜線部分（NGゾーン）以外ならどこからでも
使えるのがピッチ＆ランだ

クラブ別キャリーとランの割合

# これを知っておけば選択肢が広がる

アプローチの基本となる**ピッチ&ランは、打ち方はひとつでクラブを替えればいろいろな状況に対応できる技**だ。それにはクラブ別のキャリーとランの割合を覚えておく必要がある。

30ヤードでボール位置は真ん中よりやや右足寄りに置き、手首を使わず体で打った場合

・SW　キャリー7対ラン3　・AW　5対5　・PW　3対7　・9I　2対8

というのが大よその目安となる（ウェッジのロフトによって違いがある）。自分のウェッジがそれぞれどれくらいの割合になるかをしっかり把握しておくこと。**どこに落としてどれくらい転がせばもっとも寄りそうかを見極めたら、その割合に合ったクラブを選択**すればいいのだ。

さらにボール位置を真ん中、1個分左足寄りと2パターン追加すれば、バリエーションが広がる。

・SWでボール真ん中　7対3
（キャリーの高さが増え、落ちてからのスピンが減る）
・SWでボール左足寄り　8対2
という具合だ。

SWはボールを右に置くほどスピンがかかりやすいから、ボール位置を変えてもキャリーとランの割合は変わらない。球の高さやスピン量を考えなければならない状況の時に役立つ。

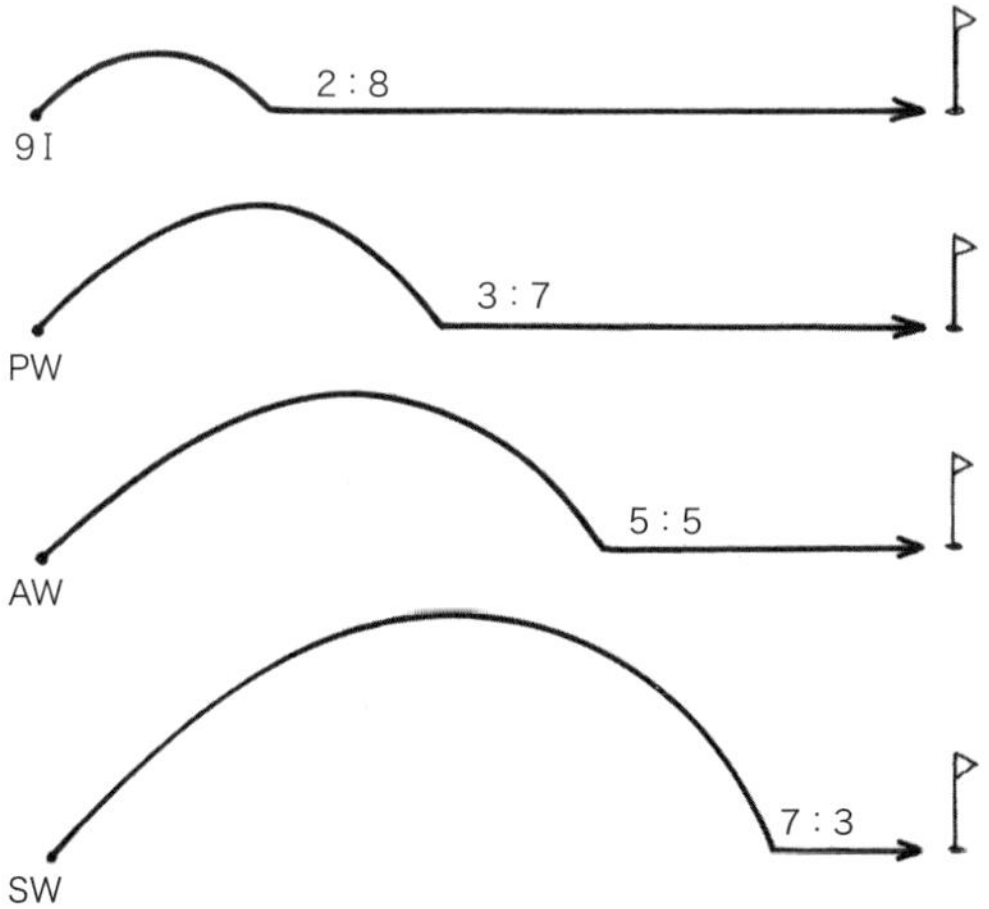


30ヤードでボール位置は真ん中やや右足寄りに置き
手首を使わず体で打った時のキャリーとランの割合

ランニングアプローチ

# 肩を振り子のように使いパターの構えで打つ

ランニングは**パターの延長のスウィングで打てるから、ザックリやトップの心配がないもっとも簡単なアプローチ**である。ボールは右足寄りに置き、クラブを短く持ってボールの近くに立ちパターと同じように構える。肩と両腕の三角形を崩さずに、肩を上下させて振り子のようにクラブを振る。ヘッドは真っすぐ引いて真っすぐ出したいから、**体の回転は使わずに打つところがピッチ&ランとの大きな違い**である。

キャリーを少なくしてランで寄せるわけだから、当然使うクラブはロフトが立っているものを選ぶべき。中にはＳＷやＡＷでランニングをする人もいるが、ロフトがあるクラブはスピンがかかりやすいので、転がそうと思っても止まってしまうことがある。プロはヘッド軌道をインサイドアウトにしてドローを打つようなイメージでバックスピンを減らして転がしたりするが、これはかなり高等技術なのでお勧めできない。PW以上のクラブで転がすほうが断然簡単だ。実際に石川遼は、デビュー当時はSW1本で上げたり転がしたりしていたが、ツアー2年目には8番アイアンまで使って転がすようになっていた。より確率の高いクラブと打ち方を選んだ結果だろう。

グリーンのエッジそばからのアプローチで、ピンが奥の場合に非常に有効なわけだが、**転がる距離が長い分、その間のグリーン面のラインは読んでおく必要がある。**球を上げるのが苦手だと、エッジまで20ヤードくらいあってもグリーン手前から転がして寄せてしまう人もいる。しかしこれはグリーン手前の芝にどれくらい勢いがくわれるかの判断が難しいので、相当経験を積まないと距離が合わせづらい。

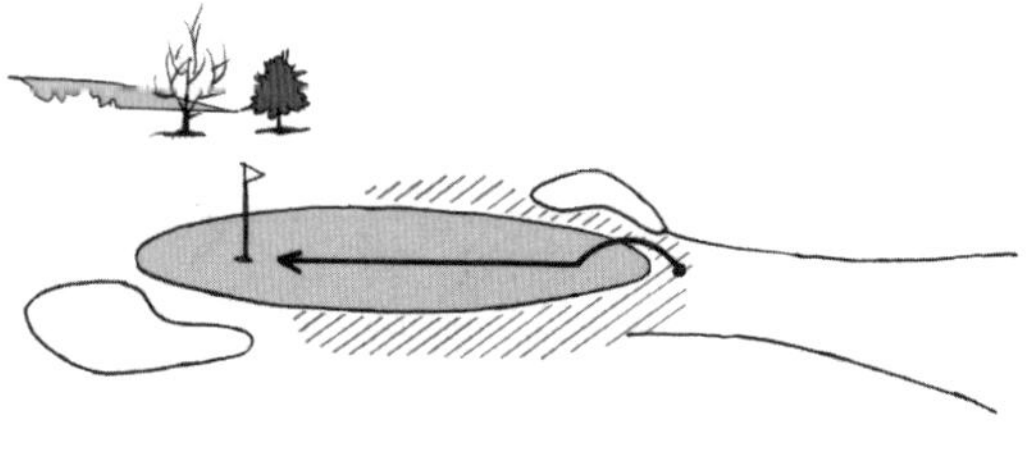

斜線部分がお勧めのランニングアプローチのゾーンだ

ピッチショット

# フェースを開いたまま手首を固めずに振り抜く

ピッチショットというのは日本ではあまり使われない言い方だが、アメリカでは一般的な言葉。**球を高く上げて落ちてからの転がりを少なくする打ち方**で、「ピッチ&ラン」のランをなくしたアプローチなのである。印象の薄いアプローチに感じるが、実はこれ、アマチュア（特にアベレージ以下の人）はよく使っているのだ。ウェッジのロフトで球を上げるのではなく、インパクトで手首を折ってヘッドを持ち上げるように自分で球を上げてしまう人が打っているアレだ。要するに体を使えず手打ちの人が、たまたまミスをしなかった時に出る球がピッチショットに非常に近い。これを体を使ったミスの少ない打ち方をベースにしながら少しアレンジして打つのが、本物のピッチショットというわけだ。

**打ち方の基準はあくまでピッチ&ランで、これに球が上がる要素を入れていく。**

・ボールを左足寄りに置く（左に置きすぎるとヘッドが届かなくなるので注意）
・フェースを開く（フェースが右を向くのでその分オープンスタンスで構える）
・コックを使う（積極的に使うというよりも、手首を固めないという意識でいい）
・体重移動なしで打つ（右足に多く体重を乗せて構えて、そのまま打つ）
・フォローで左ひじを引く（フェース面が上を向く）

などである。これらの要素をミックスさせて、**自分が安全に球を上げられる打ち方を選択**しよう。

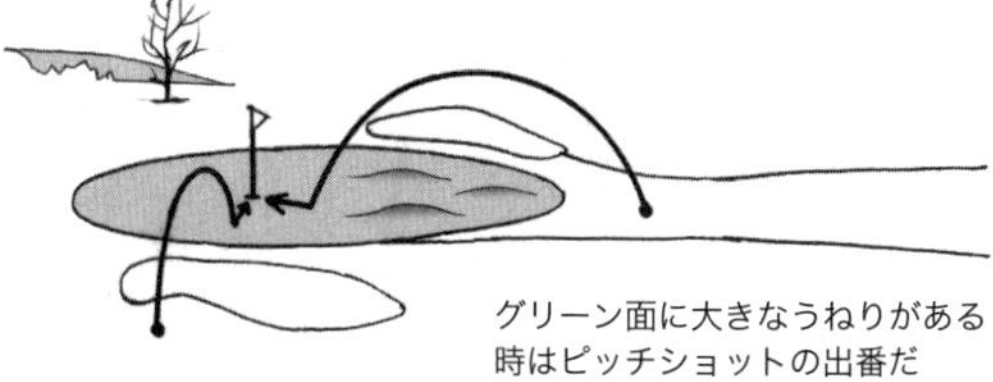

グリーン面に大きなうねりがある時はピッチショットの出番だ

ロブショット

# 勇気を持って大きく速く振る

ロブショットといえばフィル・ミケルソン。２０１０年マスターズの3日目に18番ホールで見せたロブショットには、世界中が魅了された。憧れて真似したくなった人も多いだろう。しかしああいう技は、ガラスのグリーンといわれるほど硬くて速いグリーンだからこそ必要とされるもの。普通のコースでは、ロブショットを打たなければ寄らないという状況は、滅多にないのが現実だ。

その滅多にない状況とは、
・木がスタイミーで木の下は狙えない時　・バンカー越えでピンが手前でグリーン面が硬い時　・砲台グリーンでピンが手前で足元が平らなライ。と、本当

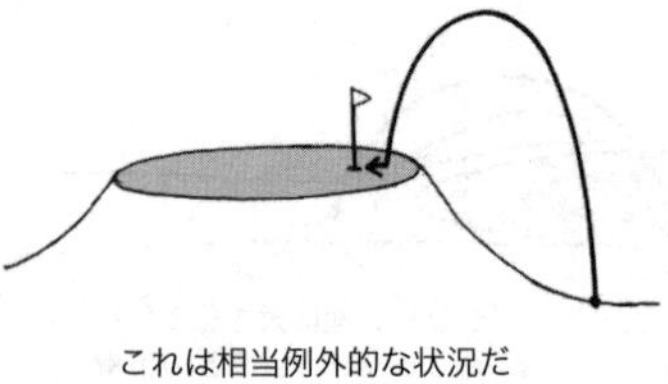

これは相当例外的な状況だ

に限られた場面なのである。しかし、運悪くこんな状況に出くわした時のために、練習をしておく必要はある。打ち方は以下の通りだ。

・ボールは左足内側でクラブを傾けず垂直に構える（ハンドファーストにしない）・フェースを思い切り開き、ボールから遠くハンドダウンに構える・スタンス幅は広く、オープンスタンスで左を向いて構える・スタンスの方向に振る（ターゲットに対してはカット軌道になる）・積極的にコックを使ってヘッドを走らせる。要するに、1章にある**ピッチ&ランと反対のことをすればいい**わけだ。さらに球を確実に上げる保険として、**グリップは右手を上からかぶせるように握っておくと、インパクトでフェースが閉じにくい**。フェースは思いっ切り開いてボールの下に潜らせるわけだから、当然球はあまり飛ばない。その分振り幅を大きくしてコックも使い、ヘッドスピードを出す必要がある。フルスウィングで思い切り振って、30ヤードが目安だ。そして最大のポイントは、**勇気を持って振り抜くこと**。距離に対してのスウィングが大きいから、どうしても速く振ることを躊躇しがちだが、インパクトが緩むと半分の距離しか飛ばなくなる。大きく速く振るという、覚悟が必要なのだ。

スピンアプローチ

# ボールを右に置いてヘッドを上から入れる

プロの試合でたまに目にする、低く飛び出してグリーンに落ちて３バウンド目くらいでギュギュッと止まる、バックスピンの利いたアプローチ。プロならではの難しい技と思っている人が多いが、**実は打ち方さえわかれば意外と打ててしまうもの**なのである。

スピンアプローチといえば、伊澤利光。賞金王に輝いた２００１年当時は、スピンを自在に操ってグリーン周りを制覇していた。彼によると打ち方のポイントは４つ。

①ボールは右足前でフェースは少し開き、手元は真ん中のハンドファーストで構える
②右手首の角度を保ったまま打つ
③ヘッドを上から鋭角的に入れる

④速く振る

これだけなのだ。まず①は、右足寄りに置くことでフェースが上から入りやすくなる。フェースを開くのはロフトが多いほうがスピンがかかりやすいからだ。②はハンドファーストを保ってヘッドを上から鋭角的に入れるため。フェースを開いて構えておいてヘッドを上から入れると、インパクトではロフトが立って当たり、フェース面にボールが喰らいつくからスピンが利くのだ。③に関しては大げさに考えず、上から入れるイメージを持つだけでいい。そうすれば自然とインパクトで体が左に少し寄って、ヘッド軌道がダウンブローになるはずだ。**フォローではヘッドを持ち上げず、低く出すとフェースにボールが乗ってスピンがかかりやすい**ということも覚えておこう。

最後の速く振るということが、スピンをかける上ではもっとも重要な要素。ゆっくり振ったのではいくらフェースにボールが乗っても、ボールがフェースに喰いつかずにスピンがかからないからだ。**小さい振り幅でも最大限に速く振ることが成功の秘訣**だ。

1クッションアプローチ

## 斜面に必ず当たる低い球を打つ

1クッションアプローチとは、アプローチの種類というよりは、攻め方のバリエーションのひとつ。打つ技はピッチ&ランかランニングアプローチだ。

**アプローチは基本的にグリーン面にキャリーさせるのが定石**だ。グリーン手前にキャリーさせると球の跳ね方が一定しないが、グリーン面なら素直に跳ねて転がりの計算がつきやすいからだ。それをあえてグリーン手前にバウンドさせることで、球の勢いを殺すのがこの1クッションアプローチだ。「1クッション」とはいうが、もちろん状況によっては2クッション、3クッションさせてもいい。数が多くなるほど計算は難しくなるが、ボールの勢いは殺されることになる。

実際に使う状況は、斜面の傾斜がそれほどきつくない砲台グリーンで、ピンが手前の時など。

傾斜があまりにも強いと、ボールが自分のほうへ跳ね返ってきてしまう可能性があるから、ロブショットするしかない。実際にはそれほどきつい傾斜は滅多にないから、1クッションアプローチが役立つのである。

ポイントは、**必ず斜面に当たる高さの球を打つこと**。斜面より高く上がりグリーンにキャリーしてしまうと、大オーバーになるから絶対に避けたい。よほど高い砲台でない限り、使うクラブはPWや9番アイアン。斜面のどこにどれくらいの強さで当てると、ちょうどよく勢いがなくなった球になるかが問題だが、これは頭の中でイメージを思い描いて判断するしかない。ある程度の経験が必要な攻め方なのだ。しかし経験を積んで判断がつくようになると、ロブショットよりは安全。**打ち方はシンプルなので、ザックリやトップの心配はない**からだ。砲台グリーンでもロブショットは最終手段と考え、まずは1クッションできるかどうかを見極めよう。

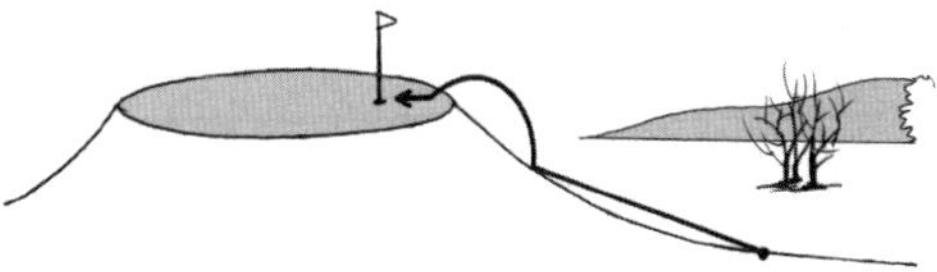

ロブショットよりも安全で確実。経験を積めば実用性の高いアプローチだ

ヒールを浮かせるチップショット

# フェースのトウの部分でパターのように打つ

アベレージゴルファーには知られていないが、上級者が密かに使っているアプローチがある。**ヒールを浮かせてフェースのトウの部分で打つショット**だ。使用クラブはＳＷで打ち方は簡単。

①クラブを思い切って短く持つ（右手がシャフトにかかるくらい）
②ボールの近くに立って構える
③ヒール側が地面につかないように浮かせ、トウにボールを合わせて構える
④パターのように振り子で打つ

　**ボールとの距離は、パッティングの構えとほぼ同じ**と考えればいい。ヒールを浮かせるから、ボールを打ちにいくフェースの面積が小さくなって不安を感じるかもしれないが、パターのイメ

ージで打っていけるからミスすることはまずない。

この技が有効な状況は、「カラーとラフの境目にボールが止まった時」と「下り傾斜でピンが手前の時」の2つだ。カラーとラフの境目は、夏場でラフが伸びている時に遭遇するやっかいな場面だ。ボールの後ろの芝が邪魔でパターは使えないし、ウェッジで普通に打っても芝がヘッドにからまるからかなり難しい。そこでヒールを浮かせて芝がからみつくのを防ぎ(芝がからむのはヒールである)、さらにトウを下げることで接地面積が少なくなるから、芝との抵抗も弱まるというわけだ。**トウ側で球をかき出すようなイメージ**である。

下り傾斜でピンが手前の時も、このトウで打つアプローチだといわゆる「死に球」が出るから安心。パターのように打てばいいから、小さい振り幅で簡単に当てられる。

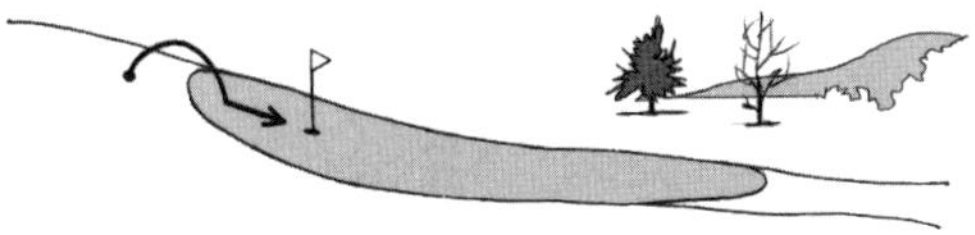

パターのイメージを持つと寄せやすい

# ミスを事前に防ぐメンタルマネジメント

## 「寄せよう」ではなく「入れよう」という気持ちで打つのがいい

グリーン周りからアプローチをする時、どんな気持ちでアドレスに入るだろうか。多くのゴルファーが、「ようし、カップに寄せてやろう」という気持ちで狙っているはずだ。これは積極的なプラスのメンタルだろうか、それとも消極的なマイナスのメンタルだろうか。

「寄せワンを取りたい」という意味では、これは確かにプラスのメンタルだろう。しかし、それは同時に「ここから2打で上がれば満足」と自分に宣言していることでもある。

アメリカのスポーツ心理学専門家で、何人もの有名プロゴルファーのメンタルコーチでもある、ボブ・ロテラ博士は、著書の中で「**寄せようと思う時点で、すでに1打損している**」と述べている。すべてのアプローチは、「カップインさせよう」と思って打たなければ、カップインする確率は限りなくゼロに近いのである。

２００５年のマスターズは、タイガー・ウッズの16番パー3での、奇跡的なチップインバーディに集約される。グリーン奥から強烈な下り、ボール地点からは落下してからほぼ直角に曲がるような傾斜。少しでも強ければ、グリーン手前の池に転がり落ちるという状況。誰もが「寄せるのさえ難しい」と思う状況で、ただひとりだけカップインを信じていた人物がいる。それが、当のウッズ本人だった。結果、ボールはカップの手前で1度止まりかけながら、ゆっくりとカップに転がり込んだ。女子ツアーで活躍する、上田桃子や諸見里しのぶは、**「アプローチは全部カップインさせるつもりで打っている」**と言う。グリーン上でもグリーン外でも、ひとつでもスコアを縮める可能性があるなら、全力で狙っていく。そういう強い気持ちがないと、ツアーで生き抜いていくことはできないということだろう。もちろん、技術がともなわずにただ「入れたい」と思っても、逆に大きなミスにつながる可能性はある。しかし、**入れたいと思ってカップに強く集中することで、スウィングの細かな部分が気にならなくなり、**結果的にスムーズにショットができるという可能性のほうが高いのではないだろうか。

## 「どうやってパーを獲ってやろうか」とピンチを楽しむ余裕を持つ

時には、どう打ってもまったく寄りそうもない、絶望的な場所からアプローチしなくてはならない場面がある。

例えば、グリーンをオーバーしてしまい、急な左足下がりの斜面の深いラフにボールが止まった。しかも、グリーンは下っていて、ピンはすぐ目の前というような状況。そんな時、どう考えるか。**最悪なのは、そこに打ってしまったことを後悔しながらアプローチすること。**過去の失敗について、気持ちの整理がついていない状況では、いいショットが打てるはずもない。まず、「ここにボールが止まったのはしょうがない」と、すっぱりとあきらめる（前のショットを忘れる）ことが、第1段階だ。そうした上で、「どうやってここからパーを獲ってやろうか」と、ピンチを楽しむような気持ちで、アプローチに臨みたい。そうすると、「ぴったりに寄らなくてもいいから、せめて1ピンくらいに止めるにはどうしたらいいか」、「最悪、超ロングパットが残ってもいいから少しでも素直なラインの方向に打っていこう」というように、ポジティブで建設的な思考があとに続く。仮にパーが獲れなかったとしても、ボギーで収まる可能性は高い。

同じ状況で、「どうせ寄らないから」と投げやりな気持ちになると、その時点で、そのホールのプレーに対する気持ちが途切れることになる。こういう心理状態は、さらなるミスの連鎖を引き起こしやすい。ダブルボギー以上のスコアになる可能性が高いだろう。

**ゴルフは自然と闘うスポーツであり、ミスのゲームでもある。**時には想定外の場所から打つことになるから面白い、とは考えられないだろうか。

## 不安の原因を具体化すれば、失敗を避ける手段が見えてくる

ごく最近のラウンドを思い出してみてほしい。アプローチが上手くいった場面と、アプローチでミスしてしまった場面、両方を思い浮かべてみると、ミスしてしまった時というのは、打つ前

に何らかの「不安」を心に抱いてショットしてはいないだろうか。「何だかダフりそうだ」、「グリーンをオーバーしそう」、そういう不安に襲われつつ、その不安を払拭できないままショットに挑み、結果、なかば「予想通りに」ミスしてしまう。反対に、上手くいった時というのは、そういう悪いイメージというのが一切なく、ただ「あそこに打とう」、「こういう球を打とう」というように、これからやるべきことに集中しているものである。

心に不安があると、なぜ、その通りに失敗してしまうのか。それは、人間はイメージを具現化するのが上手い動物だからである。スポーツ心理学者の研究によると、**ゴルファーが直前にある結果をイメージすると、ほぼ7割以上の確率でそのイメージ通りのボールが出る**のだという。「ダフりそうだ」と考えているゴルファーは、実はダフっている自分をイメージしている。だから、そのイメージ通りにダフってしまう確率が高いというわけだ。上手くいく時というのは、成功する自分をイメージしているもの。だから、実際にも上手くいくのである。

では、ショット前に不安が生じたらどう対処すればいいのか。それにはまず、**自分がどんなこ**

**とについて不安に思っているのか、なぜ、それが不安なのか、具体化することが必要**だ。

例えば、「ダフりそうだ」と感じている自分がいる場合。なぜ、そう思うのか、さらに具体的な理由が必ずあるはずである。持っているクラブに自信がない、ライが悪い、苦手な距離が残っている、同じようなシチュエーションでミスした記憶が残っている、などなど。

そうして、具体的な不安の「源」がはっきりすれば、ミスを避けるための手段も見えてくる。多くの場合有効なのが、**より失敗の確率の少ないクラブに持ち替える**、という方法だ。

もちろん、状況にもよるが、サンドウェッジで打つのが不安ならば、それ以外の不安のないクラブで打てばいい。転がせる状況ならばいつでも、パターがいちばん成功率が高い。

そうして、不安を取り除いてやることで、確実にミスは減らせるのである。

## 安全な場所に意識をフォーカスする

「あのバンカーには入れたくないな」とか、「あの池が気になる」と思うと、魅入られたようにそこにショットを打ち込んでしまうという経験はないだろうか。これは、「入れたくない」と思うことで、その場所に強く意識が向いてしまうために起こるミスである。

心理学の世界では、「**潜在意識は否定形を理解できない**」といわれている。つまり、「〜はしてはいけない」という意識は、「〜はしてもいい」という意識と区別がつかないということである。「あの池に入れてはダメだ」と考えたとしても、潜在意識化では「あの池に入れよう」というシグナルにすり替わっているかもしれないのだ。要するに、どういう形であれ、意識の向いたところにボールは飛びやすいということ。それならば、「入れたくない」場所ではなくて、ボールを「運びたい」安全な場所に意識を集中（フォーカス）すればいい。池越えで、**グリーンを狙うのに不安があるなら、グリーンの奥のカラーに意識を向ける**。できれば、そこに到達するまでの弾道までイメージすれば、その途中にある池などは問題でないと思えてくるはずだ。

## ターゲットに集中することの大切さ

トム・カイトやベン・クレンショーなどのメジャーチャンピオンをはじめ、多くの名プレーヤーを育てたことで知られる、伝説のコーチがいる。それが、故・ハーヴィ・ペニック氏（1904−1995）である。1995年のマスターズトーナメントでは、直前に師の訃報を聞いたベン・クレンショーが、当時、すでに全盛期を過ぎていたにもかかわらず、4日間、神がかり的なプレーを続け優勝。最終18番のグリーン上で、ウィニングパットを沈めた直後、顔を両手で覆い泣き崩れた姿に、その場に居合わせた誰もが涙した。

その、ペニック氏の言葉としてもっとも有名なのは、〝Take Dead Aim〟というもの。日本語で「死ぬ気で狙え」と訳されることが多いが、〝dead〟というのは、普通「真剣に」という意味の副詞として使われるので、実際のところは「**真剣に目標を定めよ**」といった意味である。

「真剣に」というのは、気持ちの問題ではなくて、より狭い範囲、ピンポイントで目標というのは定めたほうがいい、ということ。グリーン全体を目標にするより、グリーンのどちらかのサイドと決めて打つほうがいいし、それよりも、グリーンの「あそこの色の変わっている部分」というふうに、より小さく具体的な目標を決めるほうがもっといいということである。

**目標が小さいほど、その目標に打つという「目的」に集中しやすく、クラブや体の動きといった「手段」には意識が向きにくい。**ゴミ箱にゴミを投げ入れる時に、腕の振りや強さをいちいち考えないように、人間の体は本来、目的（この場合、ゴミ箱にゴミを入れるということ）に集中すれば、それに必要な動作を勝手に行うようにできている。

〝Take Dead Aim〟というのは、そういう人間本来の優れた感覚を生かしてプレーしなさいという、ペニック氏の実に気の利いた言い回しなのである。

## 緊張感がなければいいプレーはできない

10代の頃からアメリカに渡り、LPGAツアーで活躍した宮里藍が、インタビューで口癖のように繰り返す言葉があった。それは、「今日はいい緊張感でプレーできました」というもの。緊張するというのは、マイナスのこととしてとらえられがちだが、実は、逆にまったくの弛緩状態というのはいいパフォーマンスを引き出さないということが、スポーツ科学の世界ではもはや常識となっている。**筋肉を強く、正確に動かすには、一定の緊張状態が必要**なのだ。

もちろん、恐れや不安につながるような極度の緊張はパフォーマンスを低下させる。自分が緊張していると感じた時、まずするべきことは、緊張している自分を認めること。そして、その緊張の出どころが何なのか客観的に分析することである。自分を奮い立たせるような緊張ならそのままプレーすればいいし、ショットに対する不安や、「ミスしたくない」という恐れによるものなら、それを取り除く具体的な対処をしなくてはならない。単に**「ミスしたくない」と不安がっているのではなくて、「なぜミスしたくないのか」を考える**。そうすると、「グリーン手前のバンカーに入る」のを怖がっている自分を発見するかもしれない。そうすれば、大きめのクラブを持つことで、その不安を取り除くという、具体的対処も可能になるのだ。

## 常に「最悪の状況」を想定してプレーする

気持ちがキレる、ということがある。簡単にいえば、結果に対してあまりにも「がっかり」してしまったために、「さあ、やるぞ」という前向きな気持ちが失われ、「もうどうでもいい」という心理状態になってしまうことだ。そうなってしまうと、当然パフォーマンスレベルは低下するし、再びやる気を奮い起こすのはなかなか難しい。

どうすれば、そういう心理状態に陥るのを回避できるか。多くのプロが実践しているのは、**常に最悪の状況を想定してプレーする**、という方法である。

例えば、フェアウェイに飛んだボールが、必ずしもいいライに止まっているとは限らない。「よかった、ナイスショットだ」とだけ考えて2打目地点に向かうのと、「もしかしてディボット跡に入っているかも」ということも頭の片隅に置いて2打目地点に向かうのとでは、実際にボールがディボット跡にあった時の「がっかり度」にかなりの差が出る。最悪の状況が事前に頭にあれば、結果が本当に悪くても自然に受け入れられるし、もし、結果がよければ「今日の自分はツイてる」と、逆に気分を盛り上げることができる。

日本人として初めて、イギリスのＰＧＡディプロマ（プロライセンス）を取得した、鶴見功樹によれば、イギリスでは「ゴルフほどアンフェアなゲームはない」というのが、ゴルファーの共通認識であるという。**完璧なスウィングをしても、完璧な結果は保証されない。それが、ゴルフというゲームの本質**なのである。

## 迷いを断ち切るための“Think Box”

スウェーデン出身で、アメリカＬＰＧＡツアーで活躍した、アニカ・ソレンスタムは、あらゆる意味で史上「最強」の女子プロゴルファーである。ＬＰＧＡ賞金女王獲得8回は史上1位タイ、史上6人しかいないグランドスラム（4大メジャー全制覇）達成など、達成した記録をいちいちあげているときりがないほど。

ハードなトレーニングによって得た、アスリートとして理想的な肉体から生み出されるショットの正確さと力強さはもちろんだが、ソレンスタムの強さというのは、どんなピンチも平然と切り抜け、チャンスを必ずものにするメンタルの強さによるところが大きかった。その彼女が、実践していた**ショットへの集中法が、〝Think Box〟と〝Play Box〟の使い分け**である。

ショットの前に、ボールの後ろに立って目標を見る。この場所が〝Think Box〟で、ここで、これからどういう打ち方、球筋で、どこを狙うかといったことをあらかじめ決める。ショットプランが決まったところで、〝Think Box〟を出て、ボールにアドレスをする（これが〝Play Box〟）が、ここでは決定済みのショットプランを遂行することだけに集中し、それ以外のことは一切考えない。**考える場所と、それを実践する場所を分けることで、ショット時に気持ちの迷いが生じないようにしていたのだ。**だからこそ、常に高い集中力を発揮することができた。

アマチュアゴルファーは、しばしば、ボールにアドレスしたあとでも、「やっぱりもっと強く打とう」とか、「もう少しボールを高く上げたほうがいいかも」などと考えていることが多い。どう打つか迷った状態でショットに臨んでも、成功する確率は低い。

〝Think Box〟の手法を使ってもなお、打つ直前まで迷ってしまうという人は、これからどういうショットを打つか、声に出して宣言してみるという方法もある。言葉にすることで、決めかねていた気持ちを強制的にひとつにまとめるという効果が期待できる。

## ミスを引きずらないために、怒る、つぶやくなどで気持ちを切り替える

世界を舞台に戦う、日本人ゴルファーのパイオニア、青木功は、若い頃から気が短いことで知られていた。ミスショットすると、激しく怒りをあらわにし、時にはクラブを地面に叩きつけ、しかし、次の瞬間「しゃあんめぇ」とつぶやいて、何事もなかったかのように次打地点へ向かう。「しゃあんめぇ」は、青木の出身地、千葉県の我孫子地方の方言で、「しょうがない」という意味である。そうして青木は、**ショットごとに気持ちを切り替え、一打一打に集中してプレーしたか**らこそ、4大ゴルフツアー（日本、ヨーロッパ、アメリカ、オーストラリア）のすべてで勝利をあげるという偉業をなしえたのであろう。

青木のように、（ミス）ショット後にどうするかルーティーン化（いつも決まった手順を踏む

こと）することで、ミスショットを次のショットに引きずらないようにしているプロは多い。タイガー・ウッズの「10秒ルール」は有名だ（**ミスショットの後、10秒間だけ感情を爆発させて発散してもいいが、その時間が過ぎたら平静に戻るというルール**を決めて実践している）。

アマチュアの場合も、何か気持ちを切り替えるスイッチとなる動作を、あらかじめ決めておいて、ミスショットしたら、いつもそれを実践する習慣をつけることで、簡単に気持ちを切り替えられるようになる。きっかけ動作は、例えば、スコアカードに記入したらパタンと勢いよくホルダーを閉じるとか、パターをカートに戻したら次のホールまで胸を張って歩くとか、そんなことでいい。同伴競技者に迷惑がかからない程度なら、声を出したり、アクションで感情を爆発させてもいいが、周りから見て決して気分のいいものではないということを忘れずに。

## スコアを意識した途端崩れるのはなぜか？

最終ホールが近づいてきて、それまでのスコアを集計してみると、自己ベストを上回るペースだった。すると、それまでの好調がウソのように、ショットもパットも乱れ始める。そんな経験は誰にでもあるはずだ。

それは「逸脱」を嫌う心が無意識にそうさせる、という心理学分析もある。つまり、「こんなにいいスコアを出せるのは自分の実力ではない」と思い込み、いつもと同じスコアに収束することで安心感を得るのだ、というもの。しかし、それではあまりにも面白みがない。

いいスコアが連続したら、**「これが自分の実力だ」と、あえて思うようにする**。これは、心理学的には自己イメージを書き換える作業にあたるもので、いま、プレーしている自分が、昨日までの「いつもの自分」ではなく、昨日よりも上達した「新しい自分」であると信じ込むことで、自分自身が心にかけているブレーキが外れる。そうすると、自分でも驚くほど集中力が増し、いいプレーが引き出されるのだ。これを高いレベルで実践しているのは、例えば、石川遼だ。高校生でのプロツアー優勝、最終日に世界記録「58」をマークしての逆転優勝（2010年、中日クラウンズ）など、心のブレーキの利いた状態では、到底達成できない記録ばかりである。

# 大叩きをしないコースマネジメント

**アプローチの難易度は、直前のショットですでに決まっている**

グリーンを外して、アプローチをするべくボールのところまで行ってみると、予想外に難しい状況にがく然としたことはないだろうか。しかし、これが「予想外」であるうちは、いつまでたっても似たような目に遭うに違いない。というのは、その場所にボールがあったらどんな状況のアプローチが残るのか、ということは、その前のショットの時にすでに予想しておかなくてはならないことだからだ。パー4の第2打のように、グリーンを狙うショットというのは、もちろん、グリーンをとらえることが第一目的なわけだが、仮に**ミスショットしてグリーンを外してしまった場合のことも想定して、クラブやショットプランを選択するべき**なのである。

例えば、グリーン奥に急傾斜や林などのトラブルがあって、手前は比較的寄せやすそうな場合、ミスしても手前に落ちるように短めのクラブを選ぶ。あるいは、右がトラブルで左は安全という時は、つかまりにくい4番アイアンより、つかまりやすいユーティリティを選ぶなど、アプローチのしやすさまで考慮に入れた戦略が必要だ。**プロは本戦前にコースを下見する際、グリーン周りで「絶対に外してはいけない場所」をチェックして、コースメモに書き込んでいる。**常にその場所を避けつつ、グリーンを狙える最善の方法を考えてショットする。技術力の高さもさることながら、そういう周到さがあるから、滅多にダブルボギー以上のスコアを打たないのだ。

## 常に「ピン手前から」が正解か？

セカンドショット以降は常に、ピンの手前から「攻めなくてはいけない」と信じている人は多い。そもそも、なぜ「手前から」がいいとされるかというと、これはグリーンが奥から手前に向かって傾斜している、つまり「受けグリーン」であることを前提にしている。受けグリーンであれば、手前から攻めることで、グリーンを外した時のアプローチも、グリーンに乗った時のパットも上りになるから「やさしい」、というわけだ。

同様の理由で、「グリーンの奥に外すのは禁物」ということもよくいわれる。受けグリーンの場合、グリーン奥に外すということは、「難しい」下りのアプローチを強いられるので、大きめに打つのは避けたほうがいいという理屈である。しかし、18ホールのグリーンが、すべて「受けグリーン」であるということは、まずないといっていい。つまり、大胆にピンの奥に打っていったほうが、やさしくなるという状況だって、割と多いのである。目安として、**ピンが手前にある場合は、必ずピンを越える距離感で打つのがよく、ピンが奥にある場合は、できるだけピンをオーバーしないような距離感で打つのがよい。**これは、そういう距離感で打てば、最低でもグリーンに乗る確率が高くなるからで、グリーンが受けているかどうかとは関係がない。そもそも、ハンディ18くらいのアマチュアの場合、グリーン外からアプローチするのと、グリーン上でパターで打つのとでは、圧倒的に後者のほうがミスの確率が低く、しかもカップに寄る確率が高い。

また、トーナメント仕様のグリーンでない限り、下りのパットだからといって、ちょっとボールに触っただけでグリーン外にこぼれ出てしまうようなシビアなパッティングに遭遇することは、ごく稀である。したがって、「手前はよくて、奥はダメ」という思い込みに縛られず、**ピンの位置によって、距離感を前後させるのが正しい狙い方**といえる。

## グリーンサイドのバンカーはすべて同じか？

グリーン周りにあるバンカーというのは、容易なグリーンオンを阻むためのものであると同時に、そこにつかまった場合、容易に「砂イチ（バンカーから2打で上がること）」を許さないためのものである。しかし、グリーンサイドのバンカーが、すべて同程度の難易度かというと、そんなことはない。状況によっては、入れてもいいバンカーと、何が何でも避けなくてはならないバンカーがあり、その見極めがとても大事だ。まず、状況によっては入れてもいいバンカーの条件は、①グリーンのすぐそばにある、②面積が極端に狭くない、③基本的に平らである、④アゴが比較的高くない、といったところ。

こういうバンカーからのショットは、比較的やさしいので、上手く打てば「砂イチ」の可能性は高い。

次に、どうしても避けなくてはいけないバンカーの条件は、①グリーンから距離が遠い、②面積が小さく深い、③アゴが極端に高い、④グリーンに向かって全体が下っている、といったものだ。②の小さいバンカーというのは、スタンスがバンカー外になったり、周囲の土手がスウィングの邪魔になることが多いので難しい。

また、**バンカーショットは基本的に止まりにくいので、④の下り傾斜のバンカーはできるだけ避けたい**。グリーン面自体も下りで、ピンが近いという状況ならなおさらである。

## ショット選択の基本は？

アプローチは、転がしのランニングアプローチ、キャリーとランが半々くらいのピッチ&ラン、それにほとんどをキャリーで打つピッチショットの3種類に大別される。このうち、もっともミスが少なく、**距離感が合いやすいのはどれかといえば、間違いなくランニングアプローチ**である。まず、ランニングアプローチは、ロフトがある程度立っているクラブを使うので、ボールに当てること自体がやさしい（サンドウェッジのように、ボールと地面のすき間にリーディングエッジをきっちり入れる必要がない）。

また、距離感というのは、低くボールを出すほど合わせやすく、高く上げるほど合わせるのが難しくなる（キャッチボールをする時、下手投げでやさしく放るのと、頭上高く投げ上げるのとでは、どちらが相手に正確に届かせやすいか）。

したがって、**転がせる状況ならば、できるだけ転がしを選んだほうが寄せワンは狙いやすい。**

ピッチ&ランやピッチショットで寄せるには、ある程度ショットに対する習熟度が必要。

ハンディが18より少なくなるくらいまでは、ボールとカップの間に、どうしてもキャリーで越えなければならない障害物がある場合に、「やむを得ず」選択する打ち方と思っておくのがいいかもしれない。

こぼれ話

## プロがグローブを外してアプローチをする理由

パッティングの時はグローブを外して素手で打つプロがほとんどだが、アプローチはどうなのか。これは人によって違いがある。フィル・ミケルソンはグリーン周りならバンカーでもグローブを外すし、石川遼は短い転がしのアプローチでもグローブはつけている。タイガー・ウッズはつけていたり、素手だったたり状況によって違う。これにはどんな意味があるのだろうか。

タイガーについては片山晋呉が分析している。「マスターズの時に見ていて気づいたけど、転がすアプローチはグローブを外して、ロブショットや低く出してスピンをかける時はグローブをつけていた。ヘッドスピードが必要な時はグローブをつけるということ」。タイガーのように状況によって外すという深堀圭一郎は、「基本はグローブをつけたまま打つけど、下りでピンが近いとか、すごく難しくて繊細なタッチが必要な状況では外す。手の平の感覚が大切だから」と語っている。また、「寄せにいく時はグローブしたままだけど、チップインを狙う時は外す」と言うプロもいる。プロたちはそれだけ手の感覚を大切にしているということだ。

# 3章

# ピタッと寄せるアプローチの応用

## ～これでどんなライでも大丈夫！～

フェアウェイからのアプローチ

## 「簡単だ」と決め付けずにライをチェック

たとえ、グリーンをショートしたとしても、フェアウェイの平らなところにボールがあれば、アプローチを寄せることはそう難しいことではない、はずである。しかし、現実はどうか。簡単だと思い自信を持って打ったショットが、大きくダフったり、トップしたりして、グリーンに乗せることすらままならないという経験は、割と多いのではないだろうか。なぜ、簡単なはずのショットが上手く打てないのか。それは、「フェアウェイにある」ということだけで、「簡単」と決め付けてしまうところに問題があるといえる。同じフェアウェイでも、**微妙なライの違いによって、実はショットの難易度が大きく変わる。プロが特に気をつけているのが、芝質の違い**だ。

日本でフェアウェイに使われている芝は、大きく分けて2種類。北関東以北で主に使われる、

**ケンタッキーブルーグラスなどの寒地型芝（洋芝）**と、それ以南で使われる**コーライ、ヒメコーライなどの暖地型芝**である。このうち、暖地型芝は芝の茎や葉が太く硬いため、ボールが芝にきれいに浮いた状態となり、比較的打ちやすい。より芝の密集度が高いヒメコーライの場合は、管理がいいとあたかも練習場のマットのようにクラブのソールが滑ってくれる。それに比べて、コーライは密集度が低く、育成状態がよくないとフェアウェイでも芝の根が露出し、打ちにくいライとなる。

洋芝は、1本1本の茎や葉がやわらかく、ボールは少し沈んだ状態となるのが特徴。コーライなどに比べて、よりヘッドを上から入れ、クリーンにボールをとらえる意識で打たないと、簡単にダフってしまう。

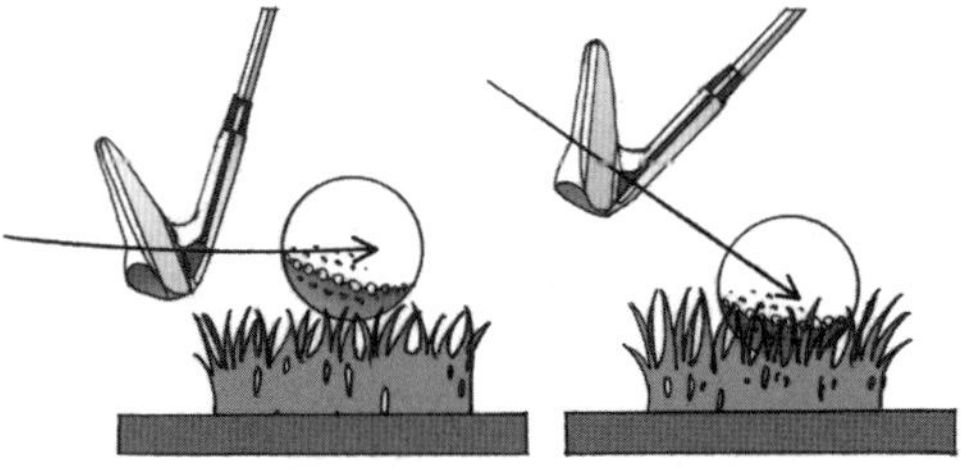

左が暖地型芝のフェアウェイ、右が寒地型芝のフェアウェイでのヘッドを入れるイメージ

# 左ひざを多く曲げて、オープンスタンスにする

日本の古いコースは、グリーンが砲台になっているところが多く、花道にボールがある場合など、必ず**左足上がりのアプローチが残る**。ライの通りに打てば自然にボールが上がるので、比較的やさしいはずなのだが、**ザックリ（大ダフリ）のミスが出やすい**。理由は2つある。

ひとつは、グリーンに向かって上っている傾斜に対して、必要以上にクラブヘッドを下向きに打ち込んでしまうこと。これは仮に上手くインパクトしても、ヘッドが傾斜に突き刺さるかたちになるので、フォローが出ず、距離感が合わない。肩のラインを、地面の傾斜に合わせるようにして（左肩を少し上げて）、**傾斜に沿ってヘッドを動かす**意識が必要だ。

ザックリしやすいもうひとつの理由は、スウィングの減速である。インパクト手前でスウィン

グの勢いが弱まると、ヘッドが重力方向に引っ張られる力が強くなるので、ボールの手前で「落ちて」しまいやすい。では、なぜ左足上がりでそれが起こりやすいかというと、左ひざがヘッドを振り抜く方向を邪魔してしまいやすいからだ。

左足上がりは左足側が高いので、両ひざの高さを揃え（水平にし）下半身の構えを安定させようとすると、左ひざを深く曲げなくてはならない。この時、通常のスクエアスタンスのままだと、左ひざが前に出て、スウィングの妨げになるのである。そこで、これを防ぐために、**左足上がりではオープンスタンスに構える。**ヘッドがスムーズに斜面通りに動いていくはずだ。

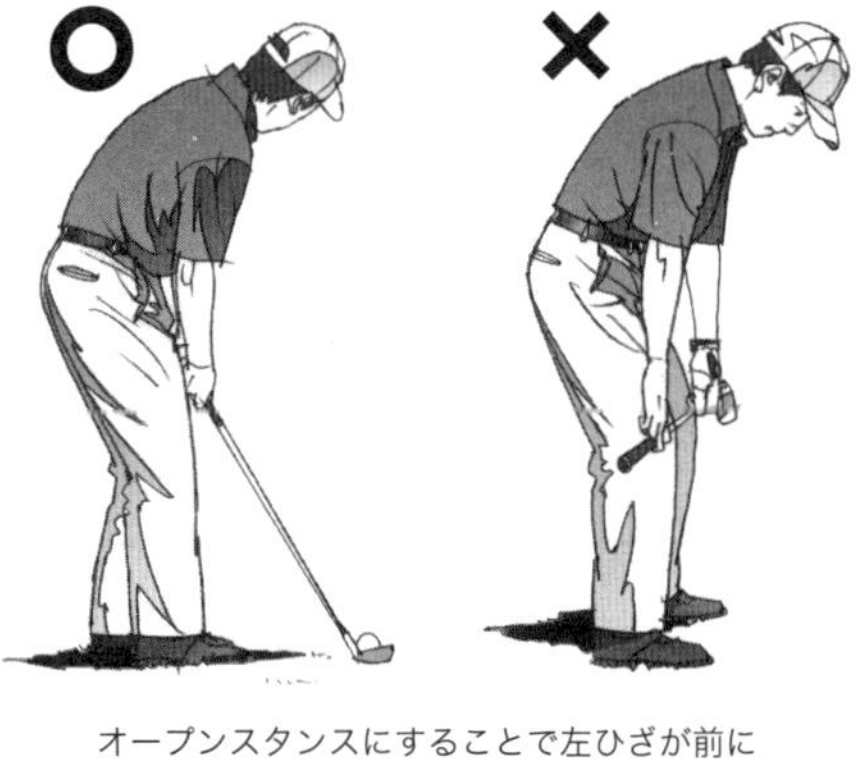


オープンスタンスにすることで左ひざが前に出ずクラブの通り道ができる

左足上がりのアプローチの距離感

# 斜度に応じて、大きめのクラブで打つ

距離感ということでいうと、**左足上がりというのはショートしやすいライ**である。理由は単純で、グリーンに向かって上っている傾斜にクラブを構えると、クラブのロフトがその分増えてしまうから。例えば、ロフト52度のアプローチウェッジを持っているとしよう。この時、上り傾斜が4度あれば、それは56度のサンドウェッジを持っているのと同じことになる。これを考慮に入れず、**アプローチウェッジのままの距離感で打つと、当然ショートする**というわけだ。

ここでの対処法は2つある。ひとつは、**普段アプローチに使うクラブを持って、強めに打つ**こと。スウィングの振り幅が大きくなってしまうので、レベルによってはミスが出やすくなってしまうのだが、ボールが高く上がって、グリーンに落ちてから止まりやすくなるというメリットがある。

したがって、ライは左足上がり、グリーン面は下りという時に有効。

もうひとつは、**傾斜の分だけロフトの立ったクラブを使う**、つまり大きめのクラブを選ぶということである。これは、振り幅を大きくする必要がないので、打ち方のミスが出にくい。問題はどのくらい大きいクラブを持てばいいかということだが、グリーン面（カップの根元）が見える程度の左足上がりであれば、1、2番手大きくすれば十分といえる。普段、サンドウェッジでアプローチする人なら、アプローチウェッジかピッチングウェッジを持てばいい。もし、グリーン面（カップの根元）が見えないほどの左足上がりの場合は、それ以上、9番アイアンや8番アイアンを持たないと、およそカップまで届く球筋にはならないだろう。

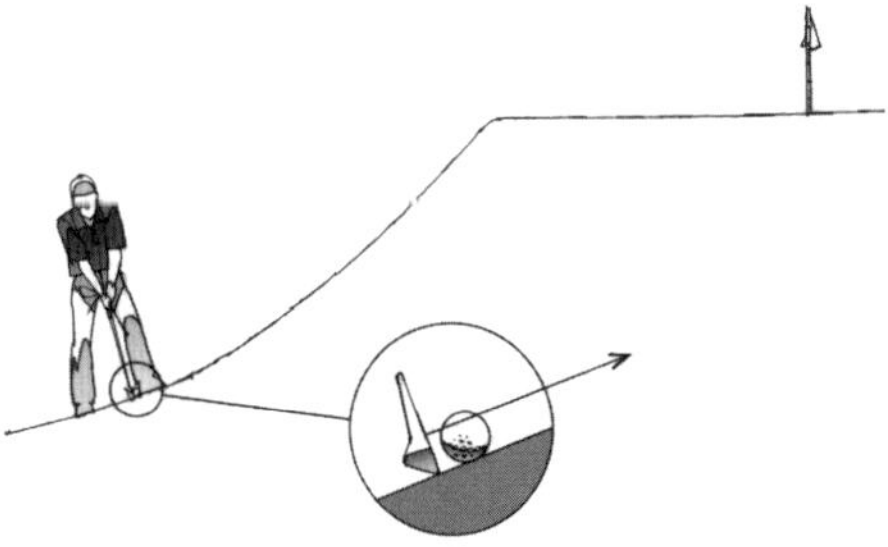

左足上がりでは斜度によってクラブのロフトが増える

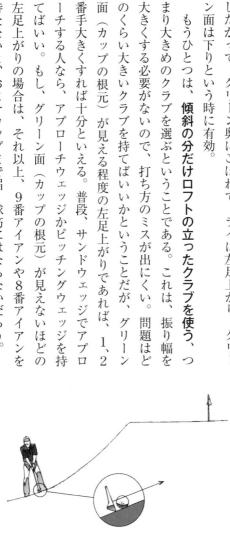

左足下がりの打ち方（グリーン手前に障害物がない場合）

# サンドウェッジで斜面なりにヘッドを振り抜く

左足下がりのライは、アプローチの中でもとりわけ難易度が高い。なぜなら、**傾斜によってボールが低く飛び出すため、絶対的にボールが止まりにくい**からだ。もちろん、ボールの後ろ側が高いということで、ダフりやすいというのも、左足下がりを難しくしている要因である。

このライから上手く寄せるには、**バッグの中にあるいちばんロフトの大きいクラブ、通常ならサンドウェッジを選ぶべき**である。それ以外のクラブでボールを「上げよう」とするのはミスのもと。最初からボールの上がるクラブで、そのクラブなりの球筋で攻めるのが基本となる。

アドレスでの注意点は、クラブが地面に対して垂直か、いくぶん（自分から見て）左に傾いた状態でセットアップすること。いわゆる**ハンドファーストの状態で構えないと、特に左足下がり**

**ではボールに上手くコンタクトできない。**右足を1、2歩引いたクローズドスタンスで構え、体重は斜面の低い側、つまり左足にそのほとんどをかけ、終始左足体重を維持してスウィングする。そうすることで、ヘッドの動きが「上から下」になり、斜面に沿って動くのでダフりづらくなる。

ボールからグリーンまでの間に、バンカーや池などの障害物がない場合、無理にボールを上げて、グリーンに届かせる必要はまったくない。グリーン手前の花道、あるいは土手にワンクッションさせて転がし上げるほうが、低く飛び出したボールの勢いが死んで、大オーバーの危険が少ない。グリーンに直接落とす場合も、スピンは期待できないので、**普段よりランを多めに計算して、落とし所を手前に設定する工夫が必要**である。

シャフトが地面に対して垂直かやや左に
傾くように構えると振りやすい

### 左足下がりでボールを上げなくてはならない時

## フェースを開いて、手元がヘッドの真上になるように構える

左足下がり、というだけで十分にやっかいなライであるのに、さらにバンカー越えや、池越え、グリーンわきの灌木越えなどが複合すると、相当にプレッシャーのかかるアプローチとなる。問題は、ボールの上がりにくいライから、どうしても「高さ」を出さなくてはならないこと。ここで**絶対にやってはいけないのが、スウィングでボールの高さを出そうとすること**である。

これは、どんな状況にも共通していえることだが、スウィングでボールを上げようとすると、ボールのかなり手前からクラブヘッドを入れて、インパクト後、すくい上げるような打ち方になりやすい。ボール手前の地面を、上手くソールが滑ってくれればいいが、そうでなければ即ダフりとなる。ボール手前側の地面が高い、左足下がりの状況なら、なおのことである。

そこで、左足下がりでなおかつボールを高く上げなければならない時は、**できるだけ高いボールが出る構えを作るということが必要。**具体的には、まず**フェースをできる限り開く。**そして、ハンドファーストにならないように（ハンドファーストに構えるとロフトが立ってボールが低く飛び出す）、少なくとも**手元がボールの真上になるくらいのシャフトの傾きで構える。**終始、左足体重で、ヘッドを上から下に、斜面に沿って振り抜くのは通常の左足下がりと同じだが、フォロー〜フィニッシュは意識的に高いところまでしっかり振り抜くこと。フェースを開くと、リーディングエッジが突き出る格好になるので、慣れないうちはトップしそうな恐怖感があるかもしれないが、左足の軸をぶらさなければ、クリーンにボールを拾うことができ、開いたフェースがボールを上げてくれる感覚がつかめるはずだ。

正面から見て、45度くらい開く

つま先上がりの打ち方

# 目標より右を向き、グリップを短く握る

フェアウェイの右サイドからのアプローチ（フェアウェイの両サイドがのり面になっているホールの場合）、あるいは全体的に右から左に傾斜しているホールなど、つま先上がりのアプローチが残る場面は意外と多い。この状況での注意点は、**ボールがターゲットラインより左に飛び出しやすい**ということである。自分の足元より高い位置にボールがあるため、クラブをソールすると、通常よりトウ側が持ち上がった構えになり、自然にフェースが左を向いてしまう。

そこで、つま先上がりでは、**フェースが左を向いた分、自分が目標より右を向いて、出球の方向がストレートになるように調節してやる必要がある。**傾斜がきついほどフェースが左を向く度合いが強くなるので、右を向く度合いも大きくする。

ただし、つま先上がりだから必ずボールが目標より左に飛ぶかというと、一概にはいえない。例えば、内藤雄士は、「つま先上がりのライではは傾斜に沿ってクラブを振ると自然にインサイドアウトのスウィング軌道になり、ボールは目標方向よりも右に飛び出しやすくなる」と指摘し、そのため「アドレス時にあらかじめショットラインを目標地点より左にとること」という意見もある。

つま先上がりでのアドレスのコツは、**グリップを短く握り、ボールに近づいて立つ**こと。こうすることで、クラブのライ角のずれも最小限にできるし、上体の前傾角度が極端に起き上がってしまうこともない。また、かかと重心だと、スウィング中にバランスを崩しやすいので、**両足のつま先側に体重のほとんどをかける感覚で立つ**と、スムーズにスウィングできる。

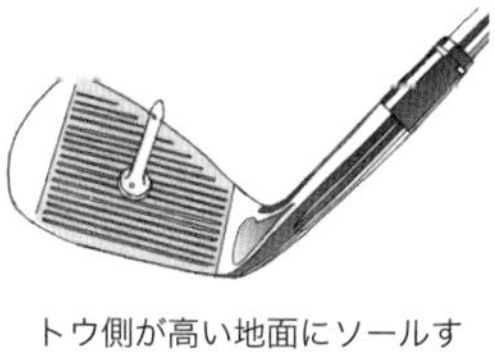

トウ側が高い地面にソールすると、フェースは目標より左を向く。その分、目標より右を向く必要がある

ウェッジをフラットな地面にソールした場合

# ひざを深く曲げ、伸び上がらないように打つ

つま先下がりのアプローチが苦手なアマチュアは多い。なぜならダウンスウィングに入ってから上体やひざが伸び上がってしまうという欠点を持っている人が多く、つま先下がりはもっともやっかいなライといえる。つまり、つま先下がりではボールが足元より下にあるため、伸び上がるクセのある人は、まずボールにヘッドを届かせるということが至難のワザだからだ。

つま先下がりでのアドレスのポイントは、**スタンスを広めにして、両ひざを深く曲げ、重心を低くしてボールにセット**すること。上体の前傾角度はできるだけ普段のショットと変えないようにする。この時、斜面の傾斜がきつくて、深く曲げたひざ（右ひざ）が、テークバックの邪魔になる場合は、右足を1歩引いたクローズドスタンスにするとスムーズにスウィングを始動できる。

スウィングをスタートさせたら、**両ひざの高さを終始変えないように、かつ上体の上下動も極力抑えて打つ**。下半身を沈み込ませるだけで、上体の前傾角度が普段のショットと変わらなければ、クラブのライ角は平らなライから打つ場合とほとんど変わらない。したがって、つま先上がりとは異なり、つま先下がりではフェース（リーディングエッジ）を向けた方向にボールが飛び出すと考えていい。斜度がきつくなると、インパクトの瞬間にクラブのネックの部分が先に斜面に当たり、フェースが急激に返ってボールが左に飛び出す場合がある。また、ラフが長い場合も（芝がネック部分にからみついて）同じようなことが起こる。つま先下がりでは、**フェースを返さず、フェース面を目標方向に向けたまま振り抜く意識を持って振り抜く**と、狙った方向により正確に打ち出すことができる。

ひざを深く折り曲げ、かかと側に重心をかける

### ラフからのアプローチ（グリーンまで距離がある場合）

# ヘッドを鋭角に下ろして芝の抵抗を少なくする

1983年のハワイアンオープンで、青木功は日本人として初めてアメリカPGAツアーで勝利した。優勝を決めた1打は、最終18番、深いラフから打った2打目を直接カップに放り込む奇跡的なチップインイーグルだった。青木は、「あれはカップに入らなかったらグリーンをオーバーしていただろうって言う人がいるけど、自分としては2バウンドくらいで止まるような手応えはあった」と言っている。それほど、イメージ通りにきれいに振り抜けたということであろう。

ラフからのショットのポイントは、**いかに芝の抵抗を少なくして、スウィングのスピードを落とさずに振り抜けるかということにつきる。**そこで、ヘッドはなるべく上から鋭角的に入れたい。鈍角に入るヘッド軌道ではラフの抵抗が大きくなり、思ったように振り抜けないからだ。アドレスは、**ボールを右足寄りにしてハンドファーストにする**。芝の抵抗に負けないように、**グリップは短く、しっかりめに握る**こと。**スタンスはオープン**にして、インパクト後はヘッドを素早くインサイド（体の左方向）に振り抜くようにする。目標方向に真っすぐヘッドを出すと、その分、芝の抵抗を受けやすくなる。

ボールがラフの根元まで沈んでいる場合は、フェースを少し開き気味にして、バンカーショットのように、ソールからボールの手前にヘッドを落としていくイメージで打つと、ボールが上がりやすい。

ボールがラフに浮かんでいる場合は、フェースを開かず、リーディングエッジからロフト通りにボールに当てるイメージで打つ。この場合、**あまり上から打ち込む意識が強いと、ヘッドがボールの下をくぐり抜ける**、いわゆる「だるま落とし」になるので注意が必要だ。

グリップを短くしっかり握り、ハンドファーストに構え、オープンスタンスにする。フェースは開き気味にしておく

グリーン周りのラフからのアプローチ

## ランを多めに計算して、手前から転がしていく

グリーンをわずかに外れて、グリーン周りのラフにボールが止まった場合、頭に入れておくべきことは、芝の短いところ（花道やエプロン）から打つ場合と比べて、スピンがかかりにくく、したがって止まりにくいということである。それを踏まえた上で、**カップまで距離がある場合と、カップが近い場合では、打ち方、狙い方を変える必要がある。**

まず、ボールからカップまである程度距離がある場合は、比較的簡単で、**普段よりランを多めに計算して、落とし所を手前に設定して打てばいい。**例えば、普段サンドウェッジを使って、トータル距離の3分の2をキャリーさせ、残りの3分の1を転がすイメージで打つ人の場合、キャリー地点をトータル距離の2分の1付近に設定するという具合である。

やっかいなのは、ピンが近い場合で、カップにぴったり寄せたいとなると、どうしても高いボール、つまりロブショットを打たなくてはならない。スピンはどうやってもかからないので、高さを出して、落下する勢いでボールを止めるということである。ロブショットの打ち方は、ボールをできるだけ左足寄りにして、フェースを開いて構え、バンカーショットのようにボールの手前からソールを滑らせるようにする。**強く打ち込むのではなく、ラフの抵抗に負けないようにしっかり振り抜く**ことが成功の秘訣だ。

カップが遠い場合、近い場合とも、注意が必要なのはラフが打っていく方向に対して逆目の場合。これはヘッドにかかる抵抗が強いので、どうしても出球が強くなる。カップが遠い場合は、さらにランが出ることを計算し落とし所を手前にする、カップが近い場合は芝の抵抗で振り負けないように、グリップを短く持つなどの対応が必要だ。

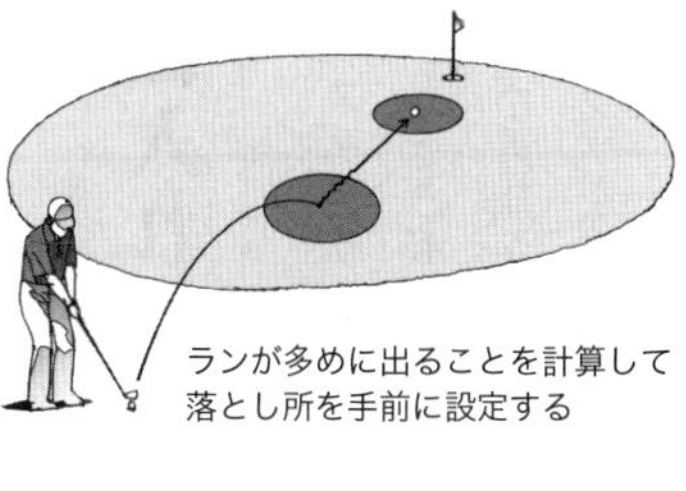

ランが多めに出ることを計算して
落とし所を手前に設定する

ディボット跡から打つ（目砂がされていない場合）

## ハンドファーストに構えて、ヘッドを鋭角に入れる

1982年のマスターズトーナメント最終日、優勝争いをしていたクレイグ・スタドラーは17番パー4で不運にみまわれた。会心のティショットを放ったスタドラーだったが、そのボールは誰かが削り取った深いディボット跡に止まったのである。周囲の誰もが2オンは不可能かと思う深さだったが、スタドラーは憤怒の表情でディボット跡をなぞるように力強くクラブを振り抜き、見事2オンを果たした。結局、このショットが決め手となり、スタドラーは（マスターズ勝者に贈られる）グリーンジャケットに袖を通すことができた。

ディボット跡にボールが止まるということは、アマチュアでもよくあることだが、スタドラーのように極度のプレッシャーがかかるショットでなければ、そこから上手くアプローチするのは、

それほど難しくはない。ディボット跡というのは、芝の面より一段低く凹んだところにボールがあるので、**ヘッドを上から鋭角に入れて、ボールをかき出すように打つ。**そのためには、まずアドレスで**ボールを右足寄りにセット**し、ハンドファーストの構えを作る。そこから、**右手首の角度を変えないようにして、ハンドファーストを保ったままテークバックし、ヘッドを上からボールに向かって振り下ろす。**体重を終始左足にかけておくと、ヘッドを上から下ろしやすい。ディボット跡のふちにヘッドが引っかかって、ヘッドが抜けない場合も多いので、**無理にフォローを出す必要はない。**最初から打ち込んで終わり、というイメージのほうがいいだろう。

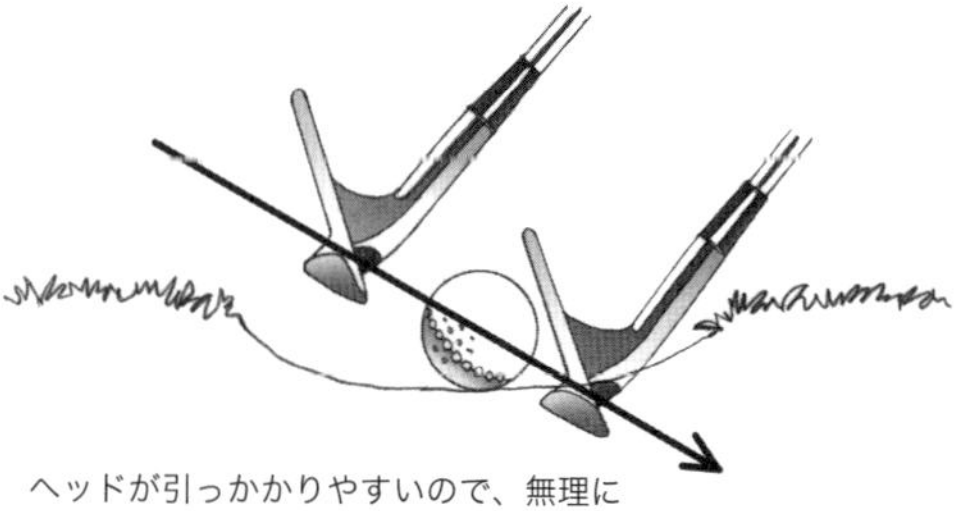

ヘッドが引っかかりやすいので、無理にフォローを出さなくてもよい

デイボット跡から打つ（目砂がされている場合）

## ボールだけを緩やかな軌道でグリーンに打つ

ディボット跡にボールが止まってしまうのは確かに不運だが、これは先に回っているプレーヤーが目砂を怠ったことによって起こる、人為的不運でもある。後続のプレーヤーのために、**自分の取ったディボットの跡は目砂をする習慣をつけたい**。ところで、何のために目砂をするのかというと、コースのプレーヤビリティ（プレーのしやすさ）の保持ももちろんだが、削り取られた芝の再生をうながすというのがいちばんの目的だ。日本の大部分のコースで使われているコーライ芝の場合、まず地面の下に横に伸びる地下茎が再生し、そこから新たな芝の茎が縦に伸びていく。この時、削り取られた地面がむき出しになっていると、地下茎が乾燥して再生力が弱まるのだ。したがって、乾燥を防ぐ意味で、目砂はこんもりと少し山盛りになるほど入れるのが正しい。

また、そうすることで、ボールが転がってきても、砂の上には止まらないという効果もある。

それでも、目砂をしたディボットの上にボールが止まってしまうということはあるだろう。この場合、フェアウェイバンカーから打つのと同じ要領で、**ハーフトップ気味にボールだけをクリーンに打っていく**のが最良の策だ。グリップを短く持ち、少しフラットにテークバックするイメージを持つと、ヘッド軌道が緩やかになってダフりにくい。ウェッジなどを使うのに自信が持てない場合は、**ユーティリティやウッドなどを使って転がすという手もある。**ユーティリティやウッドのようなソールの厚いヘッドなら、多少ダフっても問題なくソールが滑ってくれるので、驚くほど簡単にアプローチすることができるはずだ。

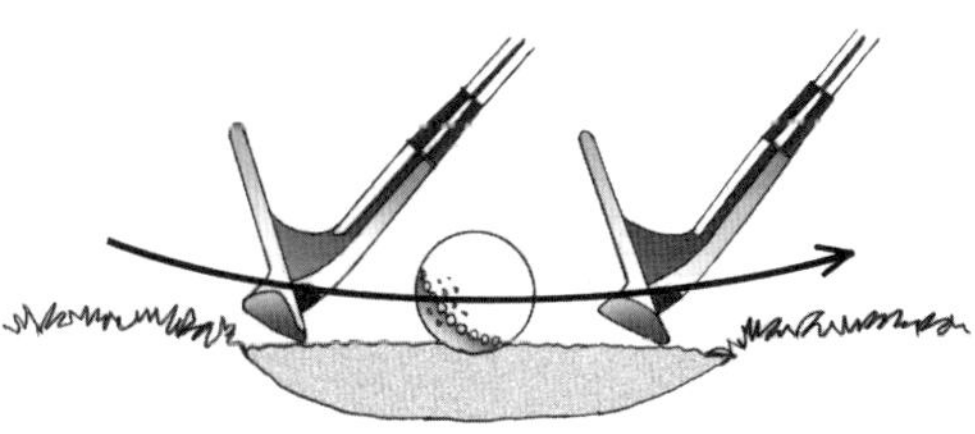

ボールの赤道よりやや上を打つイメージだ

ベアグラウンドからのアプローチ

## ハンドファーストのまま、パッティングストロークの要領で打つ

グリーンの近くまで林が迫っている場合、林の中の地面は芝の生えていない、いわゆるベアグラウンドであることがほとんどである。また、夏場で芝の生育状態がよくない場合は、グリーン周囲のラフが枯れたようになり、ベアグラウンドと同様のライとなることも多い。

ベアグラウンドの難しさというのは、ボールが地面に直接触れているため、ボールの下にヘッドの入るすき間がないというところにある。そのため、少しでもヘッドが手前に入るとダフったり、ヘッドが地面に跳ねて逆にトップになったりしやすい。ボールがベアグラウンドに止まっていて、もし、グリーンまで障害物が何もなく転がせる状況ならば、ウェッジを使わず、**7番以上のミドルアイアンや、ユーティリティを使うほうが圧倒的にやさしい。**ウェッジはロフトが大

きいため、インパクトの時に実際にボールに当たる（可能性のある）部分の面積が極端に小さい。ロフトの立っているクラブのほうが、ボールを真横からヒットした時に、簡単にフェースに当たりやすいのだ。打ち方は、パッティングと同じようなイメージ。**ボールを少し右足寄りにして、ややハンドファーストの構えにし、手首を使わず、腕と肩、胴体の回転を一体にして振る。グリップは短めに持つ。**

障害物があって、ボールを上げなくてはならず、止むを得ずウェッジを使う場合も、打ち方のイメージは同じ。リーディングエッジをボールと地面のすき間にきっちり入れようとするのはミスのもと。ハンドファーストの度合いを強くして、フェースを開かずに構え、パッティングのように、やはり真横からヘッドをぶつけるようなイメージで打つ。**無理に上げようとしなくても、ボールはクラブのロフトが上げてくれる。**

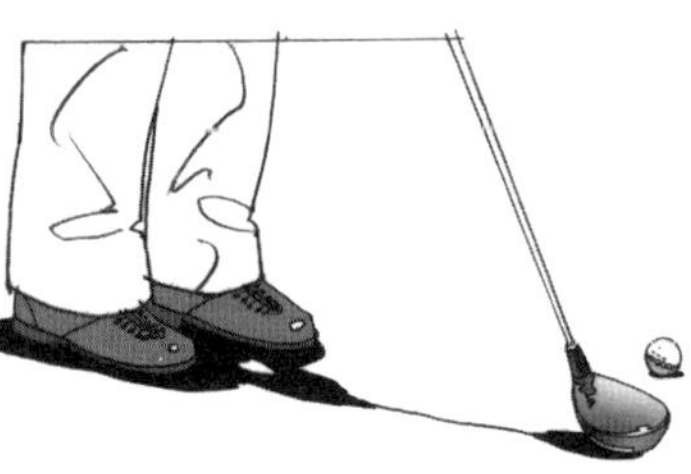

パットのイメージで打てばダフる心配はない

バンカー越えのアプローチ

## まずバンカーを越えることを優先して打つ

バンカー越えのアプローチで最悪なのは、もちろんバンカーに入れてしまうこと。そうなるとバンカーショットが上手くいってもボギー、ミスすると最悪トリプルボギー以上の可能性も出てきてしまう。逆に確実にグリーンに乗せておけば、パット次第でパーの可能性が残る。つまり、この場面で**優先すべきことは、どんなにカップに遠くてもいいから、確実にバンカーを越えて、グリーンに乗せておく**ということである。

クラブはバッグに入っている中で、いちばんロフトの多いものを選ぶ。通常はサンドウェッジということになるが、**ボールが上がるクラブを持っているという安心感がスウィング自体にも余裕を生む**。ロフトのあるクラブを持ったのだから、無理にスウィングでボールを上げようとしないこと。通常のアプローチと同じスウィングを心がけ、フィニッシュまでスムーズにヘッドを振り抜く。仮に、バンカーを越えたすぐ先にカップが切ってあったとしても、距離感はグリーンの真ん中付近まで余裕を持って狙う。バンカーを越えたぎりぎりのところに落とそうと思うと、インパクトで緩みやすく、結果、飛距離が足りずにバンカーに入ってしまうということにつながる。

**ボールの高さに自信がない場合は、フェースを少しだけ開いてロブショット気味の打ち方をする**のがいい。ボールは通常のアプローチより左足寄りにするが、左足親指の前より左には置かないこと。あまり左寄りにするとトップの危険が高まる。上げようとするのではなく、むしろヘッドの浮き上がりを抑えて、ボールの手前からソールを滑らせるイメージで打つ。距離感はやはり大きめに狙う。

まずグリーンオンさせることを優先する

林の中からグリーンを狙う

# ボールが上がらないクラブで打つ

日本アマチュア選手権に6度優勝した、故・中部銀次郎氏は、常々、林に入ったら「どうやったら1打でフェアウェイに戻せるか」を第一に考えていて、仲間のプレーヤーにもそうするように諭していたという。一般のアマチュアというのは、プレーの機会がそれほど多くないので、1回1回のゴルフに可能な限り真剣に取り組んだほうがいい、というのが中部氏の考えだった。「真剣に」スコアを作る、というところにゴルフの楽しさがあるのであって、**林から一か八かのギャンブルをするのは、ゴルフの本当の楽しみ方ではない**というわけだ。

中部氏ほどのストイックさを持つかどうかは別にして、林の中からアプローチしなくてはならない状況というのは、なかなかやっかいである。グリーンが見えている場合は、もちろんグリー

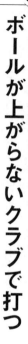

ンを狙っていいのだが、その際の注意点として、まず、**ボールがあまり高く上がらないクラブを使うということが大事**だ。林の中にボールが入ると、無条件にウェッジを持っていくプレーヤーがいるが、多くの場合、これは逆に脱出を難しくしてしまう。通常、林の中というのは枝葉が生い茂る上空より、枝の下の空間のほうが広い。したがって、その高さにボールを打ち出すには、**ウェッジよりも7番か8番アイアン、場合によっては4番アイアンなどロングアイアンを使うほうが、断然やさしい**。

また、グリーンの手前にバンカーなどの障害物がある場合は、その手前にボールを止めるのか、その中に入れてもいいと思って打つのか（バンカーの場合）、あるいはそれを越えたところにボールを落とすのか、はっきり決めてから打つ必要がある。

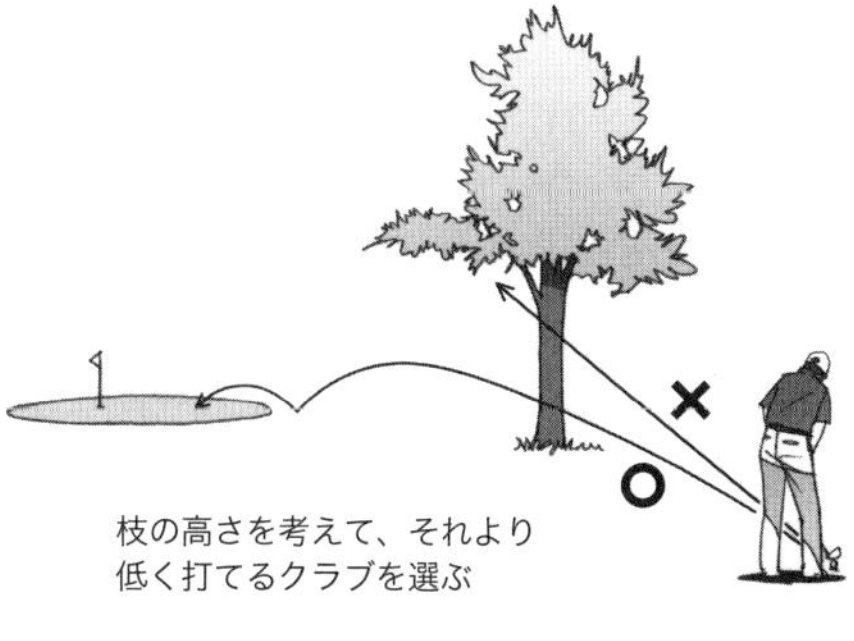


枝の高さを考えて、それより低く打てるクラブを選ぶ

林の中からグリーンを狙う（上空の空間を狙う）

# 空間までの高さと距離を計算して打つ

4大メジャーのひとつ、マスターズトーナメントが行われる、米・ジョージア州のオーガスタナショナルゴルフクラブは、各ホールの両サイドをセパレートする松林がコースの難易度を高めている。過去のマスターズチャンピオンの中には、林の中に打ち込んで絶体絶命のピンチ、というところから起死回生のスーパーショットを放って勝利を手にしたプレーヤーが何人もいる。80年代に活躍したスペインの英雄、セベ・バレステロスがそうだったし、タイガー・ウッズは何度も奇跡的なショットを放ってパトロン（マスターズのギャラリーをこう呼ぶ）を沸かせた。

2010年のマスターズ最終日には、フィル・ミケルソンが13番の右の林から、木と木の間のわずかなすき間を抜いて、1・5メートルにつけるミラクルショットを放ち、優勝した。

もちろん、こうしたスーパーショットはプロの卓越した技術の裏打ちがあって初めて可能になるものだが、**アマチュアであっても、これに近いショットに挑まなくてはならない状況というのがある。**それは、林の中に打ち込んでしまって、周囲を見回してみても、安全に抜けられそうな空間が上空にしかない、という場合である。この時、重要なのは、その**上空のすき間に対して、必要なボールの高さを出せるかどうか**ということだ。サンドウェッジで打てる高さより、さらに高いところに空間があるかもしれない。そういう場合は、**ボールを左足寄りに置き、フェースを開いて対応**する。ただし、フェースを開くと、高さは出るが絶対的な飛距離が落ちるので、距離と高さの兼ね合いに注意が必要だ。できれば、普段から自分の番手ごとの打ち出しの高さを知っておくのがいい。

空間の位置を通る軌道をイメージしクラブを選択する

冬の枯れた芝からのアプローチ

## ウェッジ以外のクラブで転がしていく

ゴルフというスポーツの特徴として、芝の状態によってプレーヤビリティ（プレーのしやすさ）が大きく変化するということがあげられる。もっとも**プレーヤビリティが高いのは、春から秋**にかけて、芝の生育が盛んになる時期であり、もっとも**プレーヤビリティが下がるのは、冬から春先**にかけて芝が枯化（コーライ芝の場合、芝が茶色になって生育が止まること。洋芝の場合は、生育が止まっても芝の色は緑のままである）する時期である。

冬の枯れ芝（コーライ）のフェアウェイは、葉の数が減って芝の厚さがかなり薄くなっているので、感覚的にはベアグラウンドに近い。したがって、フェアウェイといえどもヘッドの入れ方に神経を使う。**冬芝でのアプローチは、通常、サンドウェッジを使うという人でも、アプローチ**

ウェッジやピッチングウェッジを使って、転がしていくというのが常道である。前述したように、ロフトの多いクラブほど、ボールにきっちり当てるのが難しい。芝の薄い冬の時期なら、なおさら。そこで、大きめのクラブを持って手前から転がしていく。フェアウェイもボールが転がりやすくなっているので、パターに近い距離感で打っていけるはずだ。もちろん、パターが使える状況なら、パターがいちばんやさしい。

どうしてもウェッジで打ちたいというなら、ボールを右足寄りに置いて、通常よりハンドファーストの強い構えを作り、ボールをクリーンにヒットする。あるいは、フェースを開いて、バンカーショットのように、ソールを手前から滑らせて打つ。前者はネックがグース（リーディングエッジがシャフトより引っ込んでいる）になっているウェッジを使う人に向いている打ち方で、後者はリーディングエッジが出っ張っている、いわゆる「出っ歯型」ウェッジを使っている人に向いている打ち方である。冬はむしろ、ラフにボールがあるほうが打ちやすい。ボールが少しだけ浮いていて、ちょうど夏場のフェアウェイと同じような感覚で打てるからだ。

2段グリーンでのアプローチ

# 最低でもカップのある段に止まるように打つ

グリーンの途中に段差があって、平らな面が2つあるのが2段グリーン。このグリーンの難しさはパッティングにある。もし、カップが下の段にあって、ボールが上の段にあると、グリーン全体の傾斜に加え、途中で段差になっている部分の急激な傾斜を下るので距離感が非常に難しい。カップが上段にあって、ボールが下の段にある場合も、段差部分の上りの計算が難しくなる。

したがって、2段グリーンにアプローチする場合、最優先事項として考えるべきことは、最低でも**カップのある段にボールを止める**ということである。この場合、**「カップのある段」というのは、グリーン上のほかに、グリーン周囲のカラー、ラフ以外の芝を短く刈っている部分も含めて考える。**その部分にボールがあれば、次打はそれほど難しくないはずだ。

2段グリーンの上の段にアプローチする場合。**ウェッジで打つ場合は、カップを越える距離感で打ちたい**。手前から攻めようとして少しでもショートしてしまうと、段差で下の段まで戻ってきてしまう危険性が高い。転がしを選択した場合も、**普段より1番手か2番手大きめのクラブを使う**のがいい。距離感はやはり、カップを越えるくらいの強さで。段差の傾斜だけに目を奪われがちだが、実際はグリーン面自体も上りになっていることがほとんどなので、かなり強めに打たないと段差を上りきらないということも多い。

カップが下の段にあって、グリーンの奥からアプローチする場合も、確実に下の段までボールを運ぶということを最優先に考えること。仮に距離感が大きすぎて、グリーンを転がり出てしまったとしても、花道付近にボールがあれば、パターで狙える可能性もある。

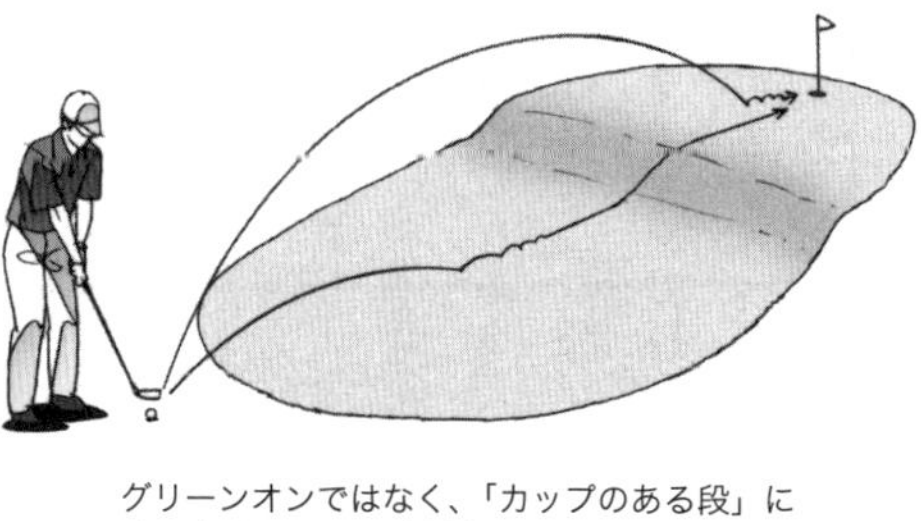

グリーンオンではなく、「カップのある段」にオンさせるイメージを持つ

# ウェッジの刃でボールの赤道を打つ

グリーンの周囲には、カラー（エプロン）と呼ばれる、芝を短く刈った部分（グリーンよりは芝が長い）があって、さらにその周囲がラフになっているというケースが多い（花道部分は除く）。この**カラーとラフの境目というのは、割合とボールが止まりやすい場所**でもある。グリーンをこぼれたボールの勢いが、カラーで弱まり、ラフに当たって止まるからだ。この部分にボールが止まると、パターで打つには、ボールの後ろのラフが邪魔になるし、ウェッジで打つにもラフの抵抗がどのくらいか計算するのが難しい。実は、このライには、「ベリードウェッジ（bellied wedge）」と呼ばれる、このライ専用の特殊な打ち方がある。〝belly〟は「腹」という意味で、〝bellied〟は「腹を打つ」ということ。つまり、「ベリードウェッジ」は、ウェッジのリーディングエッジの部分を使って、ボールの「腹」、赤道部分を打つショットのことだ。

やり方は意外と簡単で、ウェッジを短く持って地面から浮かせて構え、**パッティングストロークの要領で手首を使わずに、ボールの横から払うように打つ**。ラフの抵抗を受けずに、ダイレクトにボールを転がせるので、パターとほとんど同じ距離感で打てるはずだ。ストローク中に、ヘッドが上下して、リーディングエッジがボールの下側に入ったり、トップしたりすると、大きくショートしてしまうので、**最初に構えた高さをキープすること**を心がける。

ウェッジの刃で打つのに自信が持てない人は、フェアウエイウッドで転がすという手もある。ウッド類はソールが広いので、ラフの抵抗を受けにくいからだ。

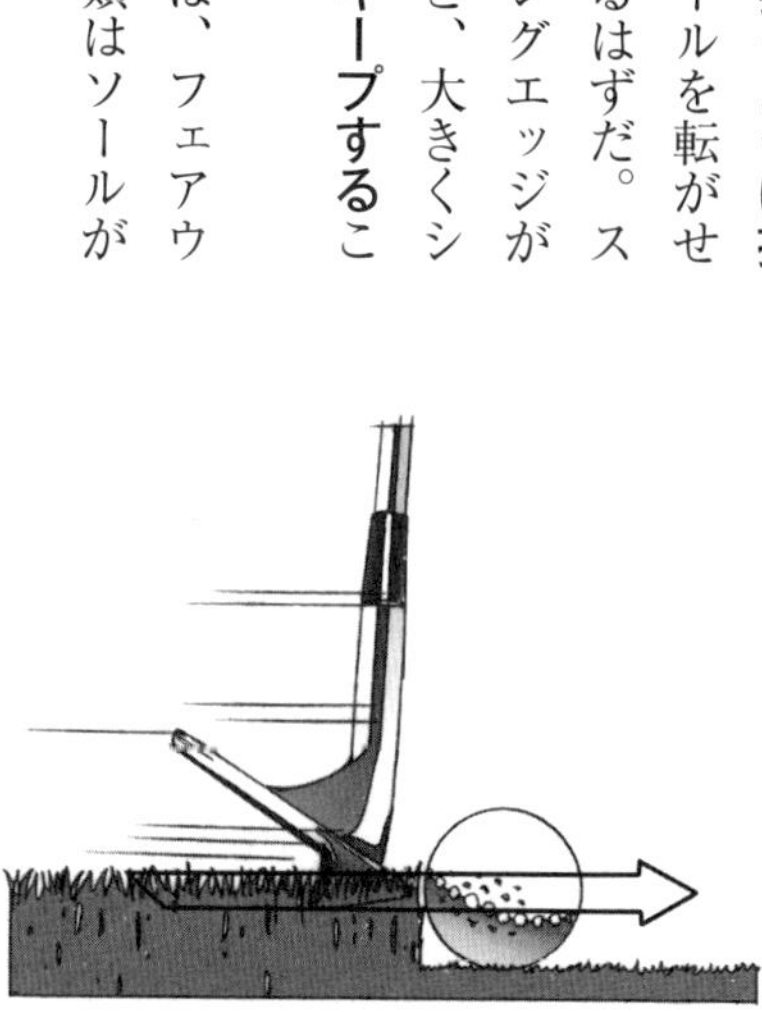

ボールの腹（赤道部分）にリーディングエッジを合わせるイメージで払うように打つ

### 木の根元にボールがある時の打ち方

## ウェッジの左打ちか、背面打ちで脱出

林間コースで、グリーンの周囲にも木が多い場合、時々遭遇するのが、木の根元にボールがあって、通常のアドレスがとれないというケースだ。右打ちのプレーヤーの場合、グリーンに向かって木の右側にボールがくっついて止まっていると、普通の打ち方では対処できない。この苦境を脱する手段は2つ。**ひとつは左打ち**である。クラブはサンドウェッジ。クラブの中でフェース面積が広く、慣れない左打ちでもボールに当たりやすい。クラブを逆さにして（ネック側を上にして）、トウをボールの後ろにセットする。この時、フェース面が打ち出したい方向に向くように、スタンスとボール位置を調整する（通常、ボール位置はかなり左足寄りになり、ハンドファーストの強い構えになる）。グリップは左手が下になるのが普通だが、右手が下のほうが振りやすい

ならそれでもいい。大振りせずに、確実にボールをヒットすることを意識して打てば、意外ときちんと当たる。あくまでも、**その状況から脱出するということが第一目的**だということを忘れずに。

**もうひとつの方法は背面打ち**だ。これは、グリーンに背を向けて立ち、ウェッジを右手に持って（フェース面が背中側を向くように）、片手スウィングでボールを打つ方法。右利きの人にとっては、右手でクラブを操作できるので、左打ちより、こちらのほうが打ちやすいということもあるかもしれない。コツは、ヘッドがちょうど地面の高さになるようにグリップを短く持つこと、直立して手首は使わず、肩を支点にした振り子のような動きで打つことの2つ。この打ち方の場合、飛ばせる距離は左打ちより短い。したがって、より脱出に重きを置いた打ち方といえる。

次打でスタンスのしっかりとれるところに打てればよい

こぼれ話

# アプローチはどのクラブがいちばんやさしいか

昔は、アプローチといえば転がし、しかも、クラブは、状況によってウェッジから5番アイアンまで使い分けるのが常識だった。ところが現在はというと、ツアープロのほとんどが、サンドウェッジ1本ですべてのアプローチをこなす。

アニカ・ソレンスタムはかつて、「複数のクラブを使いこなす派」だった。2003年に男子ツアーの「バンクオブアメリカ・コロニアル選手権」に挑戦する直前、タイガー・ウッズと一緒に練習する機会があったソレンスタムは、そこであることに気づく。ウッズは、アプローチの際、ロブウェッジ1本しか使っていないのだ。その場で、ウッズのアプローチレッスンが始まり、ソレンスタムもすぐにコツをつかんだ。それ以来、ソレンスタムは、アプローチにロブウェッジ1本しか使わなくなった。「ボールを上げていくことで、アプローチがより積極的になり、ショートすることがなくなった」と言う。

ただし、彼女はこうも言っている。「いろいろなクラブを使うほうがやさしいので、アマチュアにはそちらを強く勧めます」と。

# 4章

# バンカーからピタッと寄せる方法

## ～これでバンカーが得意になる！～

## なぜバンカーから1回で出ないのか？

バンカーショットというのは、数あるゴルフショットの中でも実はとてもやさしい。「そんなわけはない！」と思う人が多いだろうが、実際に**プロは「ラフよりバンカーのほうがいい」**と、わざとバンカーを狙ったりすることもあるくらいだ。ところがアマチュアのバンカー嫌いは重症だ。1発で出せずに同じバンカーから何度も打った苦い経験のせいで、「バンカー恐怖症」に陥ってしまっている人が多い。バンカーというだけでガチガチに緊張して力みながら打っているが、緊張する必要はまったくない。なぜならバンカーはボールをきっちりクリーンにとらえる必要がなく、手前からダフらせてボールの下の砂を飛ばせばいいからだ。上手くダフれた場合、球はフェース面の向きよりもクラブを振った方向に飛んでいくから、フェースコントロールもアバウトでいい。ゴルフショットの中で、唯一**「適当」に打ってもいいショット**なのだ。

バンカーが苦手な人の多くが、フェースを開けない傾向がある。フェースを開くと球が右に飛びそうだとか、シャンクしそうなどの不安があるから、開いたつもりでもインパクトではかぶせて打ったりする。フェースを開かないから球が上がらず、無理に上げようとしてクラブを下から上にすくい上げて打つ。すくい打ちをしているうちは、いくら手前から入れてもヘッドが砂に潜らないからホームランばかりだ。ホームランを繰り返すうちにヘッドを上から入れる必要性には気づくが、フェースを開かない限りは上から入れてもヘッドは潜りすぎてしまうだけで、球は飛ばない。これが「バンカー苦手スパイラル」とでもいうべきものの正体である。サンドウェッジというクラブはバンカーショットのために作られたもので、砂に潜りすぎないようにバウンス（ソール部分の出っ張り）がついている。このバウンスはフェースを開くほどに効果を発揮するようにデザインされているのだ。**フェースをしっかりと開けるようになれば、ヘッドを上から入れても砂に潜らずに上手く弾いてくれる。**弾かれた砂と一緒にボールが飛んで、フワッと出る。「フェースを開く」、「上から打つ」。この2つのキーワードを覚えれば、ピタッと寄るまではいかなくても、必ず1回では出せるようになるはずだ。

# 低く構えてしっかり振り抜く

まずはグリーン周りのバンカーからの、基本的な打ち方を覚えよう。

①フェースを開いて少しオープンスタンスで構える、②スタンス幅は広め（肩幅よりも広く）で、体の重心を下げて構える（左右の足の体重配分は5対5）、③ボール位置は真ん中より左、④クラブを振る方向はピンの少し左、⑤コックを使ってバックスウィングを上げる、⑥ボールの手前の砂を打つ、⑦フィニッシュまでしっかり振り抜く。

①に関してはフェースを開けないことがバンカーが苦手になる原因と前述したが、そもそもフェースの開き方を理解していない人が多い。試しに**「フェースを開いて」**と言うと、**手首を時計回りにちょっと回してフェースを開いてしまう**のだ。これだとアドレスではフェースが開いてい

ても、インパクトでは閉じて当たってしまう。**フェースを開くとは、フェースを開いた状態にしてグリップを握り直すこと**。要するに、クラブだけを時計回りにグルンと回してからグリップを握ればいい。グリップも手首の向きも通常通りでフェースが開いていることが大切なのだ。

②は、スタンスを広くすれば自然に体の重心は下がるが、さらにひざを深く曲げて腰を落とすこと。**いつもよりも低く構えることでダフりやすい体勢を作る**のだ。④は前述したように、バンカーはボールを直接打たないからフェースの向きに球が飛ばない。フェースはピンより右を向けて、ピンより左を向いているスタンスの方向に振ると、ちょうどピン方向に飛んでいく仕組みだ。

⑤のコックを使う理由は、ヘッドを走らせるためと、上から入れやすくするため。⑥はボールの5センチくらい手前を叩く意識がいい。「バンカーはもうひとつのボールを打て」などといわれるが、もうひとつのボールとは地球（地面）のことだ。⑦も苦手な人にとっては非常に大切なこと。ホームランを怖がってインパクトでヘッドを止めてしまっている人が多いからだ。ボールの下の砂をしっかり飛ばすには、最後まで振り抜いてフィニッシュを取ることが重要なのだ。

バンカーからの距離感

## フェースの開き加減で調整する

アマチュアは出すだけで精一杯なのに、プロはバンカーからいとも簡単に寄せてくる。あの距離感はどうやって出しているのか？

バンカーからの距離の打ち分けには2つの方法がある。まずは**スウィングの大きさは変えずに、フェースの開き度合い、スタンスの向きなどの構えを変える方法**だ。バンカーから確実に出すにはフェースを開くと前述したが、フェースは開けば開くほど距離が出なくなる。ピンまで10ヤードくらいの距離の短いバンカーではフェース面が空を向くように目一杯開き（45度くらい）、20ヤードなら35度、30ヤードなら25度という感じで打ち分けるのだ。スタンスの向きはフェースを開くほどにオープン、あまり開かない場合はスクェアに近くなる。この方法ならスウィングは変える必要はなく（すべてフルスウィング）、同じ感覚で振れるからミスの確率が少ない。**自分の気持ちいいスウィングの大きさとリズムで振ればいいから、インパクトが緩む心配もなく、距離が合いやすい**のだ。

もうひとつの距離の打ち分け方は、**スウィングの大きさを変える方法**。要するにアプローチのように振り幅を変えて打つわけだが、これはかなり上級者向け。なぜなら、振り幅を小さくするとリズムが狂いやすく、打点も安定していないアマチュアはヘッドが砂に深く入りすぎたり、ボールにクリーンに当たってしまう可能性があるからだ。バンカーではインパクトが緩むミスは厳禁だから、**大きく振っても距離を調整できる前者の打ち方が、断然確率が高い**。

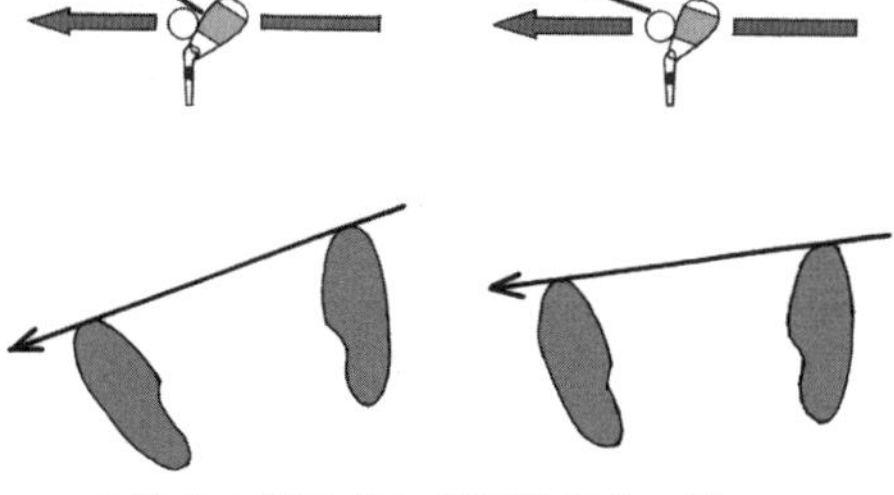

右がピンから遠い場合（目安は30ヤード）、
左がピンから近い場合（目安は5～10ヤード）

アゴの高いバンカー

## フェースを返さず右足体重で振り抜く

トリッキーなコースでたまに遭遇するアゴの高いバンカー。自分の背よりもアゴが高いなんてこともあるとお手上げのイメージだ。しかし2メートル以内のアゴだったら、**打ち方さえ覚えればアマチュアだって出すことはできる**のだ。まず大切なのが構え。P142で述べている距離の短い時のアドレスと、P140の基本の打ち方がベースになる。

・フェース面が空を向くくらい開いて握る　・45度くらいのオープンスタンス　・ボール位置は左足かかと　・クラブはスタンスと平行にアウトサイドインに振る　・コックを使ってヘッドを走らせる　・フィニッシュまでしっかり振り抜く

以上は距離が短い時と同じだが、高く上げるにはさらにいくつかのコツがある。

①右足を少し砂に潜らせて右足体重の構えにする、②通常よりも大きい振り幅で速く振る、③インパクトはヘッドファーストのイメージ、④インパクト後に右足に体重を戻す、⑤フォローで左ひじを後方（背中側）に抜く。

①は右足体重にすることで左足上がりの傾斜のように、球が上がりやすい状況を作るということ。②は球を高く上げるにはヘッドスピードが必要だから、普通のバンカーショットよりもヘッドを走らせることが大切。③は、インパクトがハンドファーストになるとせっかく空を向いているフェースが立ってしまうから。**インパクトにむけてコックをほどいていき、手元よりもヘッドを先行させるように振る**といい。④もロフトを寝かせたまま打つためのコツ。右足に戻るように打つと軌道が自然にアッパーになる。⑤もフェースを空に向けたまま振り抜くポイント。左ひじをたたみながらフォローを出すとヘッドが返ってしまうので、左ひじを抜きながらヘッドを持ち上げるようにする。これらの要素を覚えると、アゴの高さなんて気にならずにナイスアウトできるはずだ。

グリーンから距離のあるバンカー

# サンドウェッジ以外のクラブも選択肢に入れてみる

紹介してきたバンカーショットは、砂を爆発させて打つエクスプロージョンショット。球を直接打たないこのショットの最大飛距離は、男子プロで30〜40ヤード（キャリー）、女子プロは30ヤード程度である。では40ヤード以上のバンカーショットは？　これには2通りの方法がある。

まずは、**クラブをアプローチウェッジやピッチングウエッジに持ち替える**方法。これは打ち方は通常のエクスプロージョンショットと同じでよく、クラブのロフトと長さを利用して距離を出すだけなので、簡単で確実な選択肢だ。実際にほとんどの女子プロはこのやり方で対応している。

飯島茜の場合を例にあげると、25ヤードまではSW（56度）、25〜35ヤードがAW（52度）、35〜40ヤードがPW（49度）、40〜50ヤードは9番アイアンが目安だという。バンカーショットはサンドウェッジという固定観念を捨てるところから始める必要があるのだ。

もうひとつは、**クラブはサンドウェッジのまま距離に応じて砂を薄く（少なく）取っていく**方法。これは一歩間違えばホームランになってしまうので、かなり技術レベルの高い技だ。男子プロでも5割程度しか実践していない。難しいことは間違いないが、サンドウェッジなら距離があっても高さやスピンを得られるというメリットがある。

砂の量の調節は、①薄く取る場合はボールを右足寄りに置き、多めに取る場合は左足寄りに置く、②薄く取る場合はボールの近くにアップライトに構え、多く取る場合はボールから離れてクラブをフラットに構える、③薄く取る場合は体重移動を行って左足体重でインパクトし、多く取る場合は体重移動せず右足体重でインパクトする、という方法がある。腕を磨くために砂を薄く取るショットを練習するのはいいが、実戦ではクラブを替える打ち方が無難。それ以前に、**距離のあるバンカーは徹底して避けることが大前提**である。

砂がやわらかくフカフカのバンカーからの打ち方

# フェースを開いてフォローを大きくして打つ

バンカーの砂の種類には、山砂と海砂があるが、**日本のコースの7割近くで使われているのは山砂**である。山砂は海砂に比べ、粒子が粗く、砂にスパイクを埋める時に、砂が硬く締まっているように感じる。海砂は、粒子が細かく、さらさらしているので、フカフカした印象だ。一般的に山砂は茶褐色で、海砂は白っぽい色をしているので、簡単に見分けがつく。では、どちらのほうがバンカーショットが難しいかというと、これは圧倒的に後者である。まず、やわらかい砂というのは、ボールが転がっただけで、砂に沈み込むため、難しいライになりやすい。ボールが真上から落下した場合は、ほぼ確実に目玉になる。したがって、グリーン周りにバンカーがあって、**海砂が使われているコースの場合、バンカーに入れるのは極力避けなくてはならない。**

また、やわらかい砂のほうが、硬い砂よりもボールが出にくい。エクスプロージョンショットをした場合、硬い砂のほうが砂が周囲に飛散しづらいので、ヘッドの勢いが砂と一緒にボールに伝わりやすい。つまり、少ない力で出しやすい。一方、海砂の場合は、砂が大きく飛び散ってヘッドの勢いを吸収してしまうため、ボールに力が伝わりづらい。バンカーから脱出するにはより大きな力が必要となる。

やわらかい砂から上手く脱出するコツは、**フェースをより大きく開いて、サンドウェッジのソールにあるバウンスを強く利かせて打つ**ことである。サンドウェッジはフェースを開くほど、バウンスがさらに出っ張るように設計されているので、砂のやわらかさに応じて開き具合を調整すると、いろいろなバンカーに対応できるというわけだ。やわらかい砂の場合、ヘッドをドンと打ち込むよりも、**フォロー側を大きく振るイメージでヘッドを振り抜いてやるほうが、上手くボールを拾いやすいし、飛距離も出しやすい**。プロやトップアマは、こうした砂の場合、ボールの手前にヘッドを入れるというより、ボールの真下にヘッドを通すイメージで打つという人が多い。

## 砂が濡れて締まっている場合

# アプローチウェッジを開いて打つ

雨の日のゴルフはグリップが滑ったり、フェースが濡れてスピンがかかりづらかったりするのをいちいち考慮しなくてはならないので、普段のゴルフと比べて神経を使う場面が多くなるが、そのうちのひとつがバンカーである。雨で砂が濡れると、砂は締まって硬くなる。こういう場合、乾いた砂の時とは違った打ち方が必要だ。

とはいえ、実は**濡れて締まった砂というのは、通常のバンカーよりやさしい場合が多い**。砂が硬い分、ヘッドは砂に潜りにくく、普通ならダフってボールが飛ばないようなヘッドの入り方でも、ある程度ボールは飛んでくれるからだ。ただし、ボールを上げるのは難しい。

前方のアゴが高い場合など、ボールを上げなくてはいけない時は、フェースを開いてバウンスを使うわけだが、砂が硬くなっているので、バウンスが跳ねやすく、したがってトップしやすい。

こういう時は、金井清一が実戦でも多用するテクニックを使うのがいい。それは、サンドウェッジではなく、**アプローチウェッジやピッチングウェッジを使い、フェースを開いて打つ**方法だ。アプローチウェッジやピッチングウェッジは、サンドウェッジに比べてバウンスが少ないので、フェースを開いてもソールが砂に弾かれにくい。

この場合、エクスプロージョンというよりも、むしろ**アプローチと同じ感覚の打ち方**になる。ヘッドを上からドンと打ち込むと、やはりソールは跳ねてしまうからだ。

雨の日に、アプローチウェッジやピッチングウェッジを使うメリットはもうひとつあって、それはサンドウェッジよりロフトが少ないため、グリーンに落ちてからのランが多いということだ。

雨の日は当然グリーンの芝も濡れているので、ボールの転がりが重い。サンドウェッジで、普段と同じ距離感で打つと、思ったよりもボールが転がらず、ショートしてしまうことが多い。アプローチウェッジなどを使えば、その分の転がりを補えるというわけだ。

# 右足体重のまま斜面に沿って振り抜く

同じバンカー内でも、前方のアゴに近いところにボールがあると、大抵は左足上がりのライになる。こういう場合は、どういう打ち方をすればいいのだろうか。ほとんどのプロが勧める方法は、**斜面なりに右足体重で構え、そのまま左足に体重移動をせずに、斜面に沿ってヘッドを振り抜く**方法である。左足に体重移動をすると、ヘッドが斜面に対して鋭角に落ちるので、必要以上に深く入ってダフったり、インパクト位置がずれてトップしたりしやすい。**右足体重のまま振り抜くことで、アドレスの位置にヘッドを振り下ろしやすくなる。**もともとボールが高く打ち出されやすいライのため、平らなライよりも飛距離は出にくい。そこで、スウィング幅は平らな場所から打つ時よりも大きめにする。もしくはＡＷやＰＷを使って距離を出す。

ところで、さらに前方のアゴに近い場所にボールがあると、アゴが邪魔してフォローがとれないという状況になる。このような場合は、スタンスをオープンにし、フェースを大胆に開いて、スタンスに沿ってアウトサイドイン軌道で振ると、ボールが上がりやすい。フォローはとれないので、インパクトしたら即、フィニッシュというイメージでスウィングする。**通常の左足上がりとは逆に、左足に体重をかけ、斜面とは逆らう形でヘッドを打ち込んでいく。**フェースを開いて打ち込むので、ボールは高く上がるが、飛距離を出すのは難しい。したがって、バンカーからカップまで距離がある場合は、まずは、1発で脱出してグリーンに乗せ、次のパターで勝負するという気持ちが大切だ。

もともと左足上がりはボールが高く打ち出されるので、上げる意識は必要ない

左足下がりのバンカーショット

# オープンスタンスでアウトサイドインに振り抜く

普通のアプローチでも、左足下がりのライは打ちにくいが、それがバンカーショットとなるとさらに難易度は高まる。左足下がりになりやすいのは、グリーンから遠いほうのアゴの近くに止まった時。また、グリーン奥のバンカーは、全体的にグリーンに向かって下り傾斜になっている場合が多い。**左足下がりのバンカーショットは、ボールが上がりやすいようにしっかりとフェースを開く**ことが大事。バンカー外で一度フェースを開いてからグリップし、バンカーに入るようにする。スタンスは左足を引いたオープンスタンスにし、スタンスのラインに沿ってスウィングする（ターゲットに対してはアウトサイドイン軌道になる）。**体重は終始、左足に乗せておく。**インパクト以降は、クラブを体の左サイドに振り抜き、腰の辺りの低い位置でフィニッシュする。

また後ろのアゴが近すぎて、テークバックがまともにとれないということもある。この場合、テークバックで少し工夫が必要。普通に腕を上げてテークバックすると、ヘッドがアゴに引っかかってしまうので、**グリップエンドを支点に、手首を使って鋭角にヘッドを持ち上げる**ようにする。この時、体のラインに沿って、アウトサイドにヘッドを持ち上げるようにすると、さらにアゴに触れにくい。ダウンスウィングは、テークバックで振り上げた軌道に沿って、アウトサイドインに振り抜く。フェースが開いた状態でインパクトできるので、ボールは上がってくれる。手首のコックを早くほどいてしまうと、アゴに当たる可能性があるので、**リリースをぎりぎりまで我慢して、インパクト直前でコックを解放する**のがコツだ。

腰の辺りの低い位置でフィニッシュするイメージを持つとよい

スタンスがバンカーの外になる場合

# ひざを深く曲げ、上体の前傾角度を変えずに振り抜く

ボールがバンカーのふちに近いところに止まっていると、スタンスをバンカーの外にとらなくてはならない場合がある。これは、立っている場所に対して、ボール位置がかなり低くなるため、バンカーショットの中でもかなり難易度の高い状況といえる。

このような状況は、**つま先下がりの極端な例と考えて対処するのがいい**。アドレスはスタンスを広くし、またひざを深く曲げて低い体勢を作り、ヘッドがボールに届きやすいようにする。フェースはオープンに。フェースを開いた分、ボールは右に飛び出しやすくなるので、スタンスの方向を目標より左に向けて調整する。スタンスをスクエアにしたまま、ボールが右に飛ばないようにスウィングで調整しようとすると（ひざを深く曲げているので、下半身があまり使えず、手

打ちになりやすいため）、引っかけのミスが出やすくなるので注意が必要だ。スウィング中は、**曲げた両ひざの高さを変えず、また、上体の前傾角度を保ったまま振り抜く**ことを心がける。

バンカーショットでは、スウィングが強くなるほど、フェースの向きに関わらずボールはスウィングした方向に飛んでいくということを覚えておきたい。スウィングスピードが弱まると、フェースの向きに飛び出しやすくなる。この場合、フェースがオープン、スタンスもオープンで、スウィング軌道は目標に対してアウトサイドインであるから、大胆に振り抜くほど、ボールは目標より左に飛びやすいということになる。

両ひざの高さ、前傾角度を保つことを意識する

ライが目玉の場合の打ち方

# フェースを開かず、周囲の砂ごとボールを打ち出す

バンカーの砂がやわらかい場合、ショートアイアンなどで打ったボールが垂直に近い軌道で落下すると、ボールが沈んで周囲の砂がクレーター状に盛り上がる、目玉になりやすい。目玉は、アマチュアがもっとも苦手とするライのひとつだが、プロの間では、目玉がとりたてて難しいという認識はない。カップぴったりに寄せられるかどうかは別として、脱出するということだけなら、正しい打ち方の手順を知っていれば、**実は見た目ほど難しいショットではない**のである。

通常のバンカーショットでは、フェースを開くというのが大前提だが、**目玉の場合はフェースを開かない（閉じる）**というのが基本となる。フェースを開くと、ボールの手前の盛り上がった砂に弾かれて、ヘッドがボールまで届きにくくなるからだ。ボール位置はやや右足寄りにし、へ

ッドが鋭角に入る構えを作る。そして、リーディングエッジを盛り上がっている砂のふちから入れ、周囲の砂ごとボールをかき出すつもりで打つ。砂の抵抗が大きいので、インパクト後、大きく振り抜く必要はない。

砂の硬さによっては、周囲がクレーター状にならず、ボールだけが砂に沈んだ目玉になることがある。この状況では、バンカーショットに多彩なテクニックを持つ、丸山茂樹の打ち方を参考にしたい。どういう打ち方かというと、**フェースを極端に閉じ、フェースのトウ側下部のとがった部分から砂に入れ、まるでスコップで砂を掘り返すようなイメージで打つ**のである。フェースをスクェアにしてリーディングエッジから砂に入れるより、砂の抵抗が少なくなる（砂に接地する面積が小さくなる）ので、ヘッドが深く入りやすく、沈んでいるボールを砂ごとかき出しやすい。

目玉はフェースを閉じて打つのが基本。ボールだけが砂に沈んだ目玉はトウ側から砂に落として「かき出す」イメージで

バンカーからスピンをかける打ち方

# 小さく鋭いフォローで砂を薄く取る

テレビ中継などで、バンカーショットがカップの近くでキュキュッと止まるシーンが映し出される。アマチュアが憧れるショットのひとつだ。あれは、どうやって打っているのだろうか。

まず、ライの状態を確認する。ボールが沈んでいたり、レーキ跡などでボールの手前に砂があるような場合は、利かせられるスピン量に限界がある。**ボールが戻るほどのスピンボールが打てるのは、砂が平らな場所にボールがあって、できれば少し左足上がりになっている場所である。**

アドレスは、フェースを開いて構えること以外、普段のバンカーショットとほとんど同じ。あまりオープンスタンスにはせず、インパクト後までしっかりとヘッドを加速させて振ることを意識して打つ。**フォローは高く振り上げるのではなく、小さく鋭く、ややインサイドに振り抜くの**

がいい。ボールの手前からヘッドが入りすぎると、フェースとの間に入り込む砂の量が多すぎて、スピンはかかりにくくなるので、できるだけ**ボールの近くにヘッドを落とす**ようにする。

ボールを左足寄りにすると、砂を薄く取りやすくはなるが、スピン量は少なくなってしまう。むしろ、**右足寄りに置いたほうが、スピンは強くなる**。見た目にフェースがものすごく右を向くので違和感があるが、ボールはスウィングの方向に飛んでいくので、思い切って振り抜けばいい。

少し前までは、オープンスタンスにしてカットに打つのがプロの間でもセオリーだった。しかし、それだと、ボールにカットスピン（スライススピン）がかかって、グリーンに落下してからボールが横にバウンドするので、転がる方向が安定しない。それを嫌って、最近ではあまりスタンスをオープンにせず、カット軌道をできるだけ緩やかにしようとするプロが増えている。

鋭くインサイドに振り抜く

こぼれ話

# 「アリソンバンカー」と「我孫子流」の関係とは

深く、アゴの切り立ったバンカーのことを、日本では「アリソンバンカー」と呼ぶことがある。アリソンというのは、イギリス人コース設計家のチャールズ・ヒュー・アリソン氏のことで、1930年に来日し、静岡県の川奈ホテルゴルフコース(富士コース)の全面改修を手がけ、その後、兵庫県の広野ゴルフコースを設計している。川奈ホテルGCの深いバンカーのイメージが、「アリソンバンカー」という言葉を生んだのだ。

こうした深いバンカーから、やすやすとピンに寄せる技術の持ち主といえば、青木功である。その技術は、千葉県の我孫子ゴルフ倶楽部で培われ、「我孫子流」と称される。そのうち、「アリソンバンカー」といえば、(青木が育った)我孫子GCというように、結びつけられて定着するようになった。

ただし、我孫子GCはアリソンの手によるものではなく、日本人の赤星六郎氏の設計。赤星は、アリソンが来日した際、接待役として付き添い、設計思想においても多大な影響を受けた。したがって、我孫子GCのバンカーがアリソンの設計を彷彿させるのは当然である。

5章

# 1回で決めるパッティング技術

〜これで寄せワンを実現する！〜

## スコアの半数を占めるのがパッティング

ゴルフのパー72というのは、すべてのホールでパーオンして2パットで上がる計算のもと出された数字である。要するに、36ショット+36パットの72打を目標にせよ、ということなのだ。実際にはプロでもショット数のほうが多くなるもの（1ラウンド30パット前後）だが、アマチュアは約半数を占めるパッティングに対する認識が甘すぎる。なぜなら**パッティングは体力や特別な技術や長年の経験がなくても、誰もが上手くなれるもの**なのに、あまりにも練習しないために1ラウンド40パット以上打ってしまう人が多いからだ。せっかく体力がなくてもプロと同じレベルで戦えるのに、そこを目指さないとはもったいない。ショットはいくら頑張って練習したところでプロ並みに近づくのは容易ではないからせめてパットくらい……、そう考えてパットの練習に時間を割くべきなのだ。そしてその結果は必ず数字となって現れる。

ここで米ツアーを主戦場にした今田竜二のデータを見てみよう。初優勝した2008年は賞金ランク13位という好成績を残したが、この年の部門別データは以下の通りである。
・平均飛距離＝278・6ヤード（170位）・フェアウェイキープ率＝59・64％（147位）・パーオン率＝61・39％（176位）

と、ショットに関するデータはすべて100位以下で、これだけを見るとシード権すら取れないレベルである。そんな彼が賞金ランク13位に入れた理由は、
・平均パット数＝1・758（18位）※パーオンしたホールでの1ホールあたりの平均パット数
・ラウンド平均パット数＝28・43（10位）※パーオン以外のホールも含めた18ホールの平均パット数。

これである。170センチ、66キロと、米ツアーの大柄な選手たちの中では小柄な今田は、**ショットで太刀打ちできない部分をパッティングで補って立派に勝負しているの**だ。今田のように平均パット28は無理としても、30台前半にすることは誰でも可能。その時スコアが一気に減ることは間違いないのだ。

アドレスの基本

# タイガー・ウッズのアドレスを真似して構える

「パットに型なし」と昔からよくいわれてきた。確かに過去のパッティング名手たちを見ても、ジョニー・ミラー、青木功、ジャック・ニクラスなど、そのスタイルは様々。「入れば形なんて関係ない」という考えが主流だった。しかしこれはコースの管理技術が低く、重くてボコボコしたようなグリーンばかりだった時代のこと。芝目や起伏に負けないように「強く打つ」ことが大切だったから、手首を使って打ったりする必要があったのだ。

現在のグリーンはコンディションがよくなり高速化している。こうなるとただ**「強く打つ」ことよりも、「狙ったところに芯で打つ」ことが大切**になり、プロのパッティングスタイルにも個性はなくなってきた。要は確率の高いパッティングスタイルが形成されたのだ。そのお手本はタイガー・ウッズ。タイガーというとドライバーの飛距離や勝負どころのアイアンショットが印象的だが、片山晋呉は「タイガーは何よりパットがいちばん上手い」と評している。では、そのアドレスから学んでいこう。形としては左のポイントがあげられる。まずはこの形から真似してアドレスを作るべきだが、その時にいくつかの注意点がある。まずは**パターヘッドを地面に押し付けないこと。地面についていてはいても、パターは吊るすように重さを感じて持つ**ことが大切だ。そして背中や腰、下半身に張りを持たせて構えること。パターの重さを腰で感じるようなイメージである。要するに、**体の大きな筋肉を意識して構える**のだが、これはその大きな筋肉を使ってストロークをするために、非常に大切なことなのだ。

①スタンスは肩幅よりもやや狭い
②背筋は伸ばし股関節から前傾を作る（30～40度くらい）
③両わきは締まり、ひじは軽く曲がっている
④左ひじから下の腕がシャフトと一直線
⑤ボール位置はセンターより１個分左足寄り
⑥ヘッドが体の真ん中で手はボールの真上にあり、少しハンドファーストになる

グリップ

## 引っかけが多い人はクロスハンドがいい

パッティング時のグリップは種類がいろいろある。もっとも一般的なのは、逆オーバーラッピンググリップ。右手の小指を左手人差し指に乗せるオーバーラッピングの反対で、左手の人差し指を右手に乗せる握り方だ。右手の小指に乗せるか、薬指に乗せるかは人によって違うが、左手人差し指を右手の上にすることによって、手首が使いにくくなる効果がある。乗せた人差し指を伸ばして握ると、さらに手首はロックされる。タイガー・ウッズ、石川遼、フィル・ミケルソンなどプロの8割はこの握り方だ。**ショットの握り方と大きくは変えずに、手首は固定されるという利点だけを取り入れたい**ということだろう。

次に多いのがクロスハンドグリップ。左手を下にして握るところがショットのグリップとは大きく異なる。この握り方にはいくつかのメリットがある。左腕とシャフトが一直線になりやすい、肩が水平になってスクェアに構えやすい、左手首がロックされる、フォローでヘッドが低く出る、などである。逆オーバーラッピングは左人差し指を右手に乗せることで手首を動きにくくするが、クロスハンドは左手首が伸びるのでその動きをさらに制御できるのだ。上級者ほどショートパットのミスはインパクトでフェースがかぶる引っかけが多いのだが、その原因は左手にあるといわれている。その**左手の余計な動きを封じ込めることができるクロスハンドは、パットに悩んだプロなら誰でも一度は試したことがあるグリップ**なのだ。この2つ以外では、左右の指を重ねないテンフィンガーグリップがあり、両手の感覚を生かして打ちたい人に向いている。

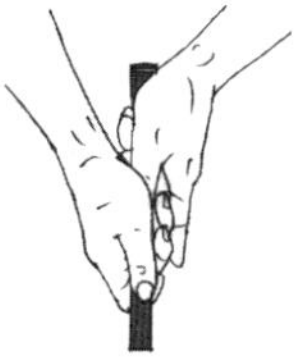
逆オーバーラッピング

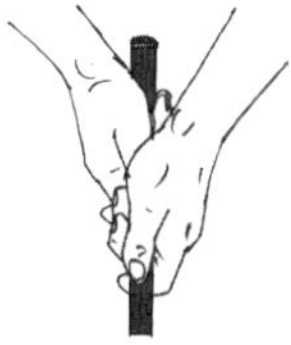
クロスハンド

クロウグリップ

クロウクロス

フェース面

# フェースの向きは常にチェックすること

パッティングでは、フェース面をターゲットに対してスクェアに構えられるかが、成功の鍵を握っている。ショートゲーム専門のレッスンで有名なデーブ・ペルツは「パッティングではヘッドの軌道よりもフェースの向きが大切だ」と言っている。実際、**50センチ程度の〝お先にパット〟で外してしまう原因のほとんどが、フェースの向きが合っていないこと**にある。

これはインパクトでのフェースの向きのことについての発言だが、そもそもアドレスでスクェアになっていなければインパクトでスクェアになりようがない。こういうと大抵の人が「自分はスクェアに構えている」と思うだろうが、実際には正確にスクェアに構えられている人は非常に少ない。

それには原因がある。**人間には目の錯覚があるから**だ。ある実験ではフェースをスクエアに構えてくださいと言って実際に構えられた人は30％程度で、**60％以上の人のフェースが右を向いていた**という。それほどスクエアに構えることは、難しいのだ。

アマチュアはそのことを知らないから、フェースを開いたまま打ってしまう。当然右に外れるから、軌道がアウトサイドインになっていき、引っかけて打つようになる。これで時々は入るようになるからよしとしてしまい、アドレスでフェースの向きが狂っていることに気づかないのだ。そのままでは運がよければ入るが、サイドスピンがかかってしまうから転がりは悪いし、スライスラインは余計に切れてしまうし、フックラインではラインに乗りづらい……、ということになる。**フェースをスクエアにセットできない限り、パッティングの上達は望めない**のだ。

プロはこの重要性を知っているから、常にスクエアに構えられているかチェックしている。ボールに線を引いたり、ヘッドに線が入ったパターが流行るのも、すべてはスクエアに構えやすいというメリットがあるからだ。

ヘッド軌道

# ショートパットでは真っすぐなヘッド軌道を意識する

「ヘッドの軌道よりもフェースの向きが大切だ」というのはデーブ・ペルツの言葉だが、フェースがいくらスクェアでもヘッド軌道が違っていては、入るものも入らない。安定したヘッドの動きは必要不可欠なのだが、ではどういう軌道がいいのか？　これについては2つの意見がある。

ラインに対してアウトサイドインになったり、インサイドアウトになるのはフェース面が狂いやすいし、ボールに無駄なサイドスピンがかかるから当然よくない。**ヘッドはインパクト前後でラインに対して真っすぐ動く**ことが、もっとも入る確率が高いといえる。では、どこまで真っすぐ引いて、どこまで真っすぐ出すべきか。ここが問題になってくるのだ。例えばインパクト前後10センチを真っすぐ動かすためには、それ以上の部分も限りなく真っすぐ引いて真っすぐ出したほうがいいという考えがある。しかしストローク幅が大きくなるにつれて、体を左右に移動させたり、腕を無理に伸ばしたりしない限りヘッドを真っすぐ動かすことには限界がある。プロたちも「ヘッド軌道はストレートに打つ」とはいっても、そこまで不自然な動きはしない。大きい振り幅では自然にインサイドに引かれ、フォローもインサイドに抜けているはずなのだ。では真っすぐ動かす境界線は？　プロはどんな意識でストロークしているのか？

「スタンスは肩幅で、その幅の中は真っすぐ動かす。バックスウィングが右足を越えたら自然にインサイドに入る」と言うのは芹澤信雄だ。**ショートパット（狙うパット）はヘッドを真っすぐ動かすことを重視している**ということだ。しかし藤田寛之は真っすぐ動かす意識はないという。**「パット軌道は緩やかなインサイドイン」という考え**なのだ。この「真っすぐ派」と「インサイドイン派」ではボール位置が変わってくる。真っすぐ派は目の真下に置いて真上からラインとヘッド軌道を見るが、インサイドイン派は軌道に合わせて目の真下より外に置くのだ。どちらが自分に合っているかは試すしかないが、アマチュアにとっては真っすぐのほうがシンプルだ。

体の使い方

## 手や腕ではなく大きな筋肉で打つ

パッティングはさほど体力を必要としないから、アマチュアでもプロと同レベルになれると前述したが、ここで誤解しないでほしいことがある。体力が必要ないとはいっても、**手打ちではダメ**だということ。ヘッドスピードを出すための体力は必要としないが、ヘッドスピードを出さないための体力は必要なのだ。例えばドライバーショットは、クラブの持つエネルギー（重さ）を利用してクラブに仕事をさせながら打つもの。ところがパッティングはクラブのエネルギーを殺して、動きたがるものを動かさないように打つものなのである。この**「動きたがるものを動かさないようにする」ためには体力が必要**で、それは手や腕の力だけでは到底足りないのだ。

何か重いものを持ってそれを小さくゆっくり動かそうとした場合、手や腕の筋肉だけで動かすよりも、腹筋や背筋など大きな筋肉を使ったほうが安定した動きになることは想像がつくだろう。パッティングはまさにそういうこと。**テークバックは手だけで上げるのではなく、手と腕は何もせずに背筋で押すように上げると真っすぐスムーズに動く**。同様にダウンスウィングも体幹の筋肉で行うことで、フェース面の向きもヘッド軌道もブレないストロークになるのだ。

プロにパッティングはどこの力で打っているかと聞くと、「腹筋に力を入れている」と答える人が多いのだが、片山晋呉は「内臓で打つ」と表現したことがある。腹筋よりもさらに内側で打つようなイメージを、片山なりの独特の表現で表した言葉だが、いかに体の内側の意識が大切かということがわかるだろう。

腹筋・背筋、大きな筋肉で打つために注意したいのが、**グリップを強く握りすぎない**ということ。

アマチュアはフェース面のブレなどを気にしてしっかり握っている人が多いが、しっかり握るということは手と腕の筋肉を使っているということ。グリップはパターの重さを支える程度の握力で握り、ストローク中にその強さを変えないことが大切だ。

手首

# 左手首を固定して打つ

パットの名手、青木功の手首を使ったストロークは「タップ式」といわれるスタイルで、以前はそれほど珍しくなかった。P166でも述べたように、昔は現在ほど整備技術が発達しておらず、また芝質の違いから、デコボコしていたり芝が長くて転がりが悪かったから、手首を使ってパチンと強く打つ必要があったのだ。このタップ式はヘッドが上からダウンブロー気味に当たるので、球がスキップ（空中に少し浮く）してデコボコを飛び越えてくれるということもメリットだった。しかし現代の整備された速くてきれいなグリーンでは、**強く打つことよりもいかに狙ったところに真っすぐ打ち出すかが大切。**ボールはなるべく**スキップさせずに速く転がして順回転をかけていったほうが入る確率が高い**のだ。

こういう理由から「タップ式」で打つ人はほとんどいなくなった。手首を使わないストロークが主流なわけだが、使わないというよりも手首を絶対に動かさずに固定させることが重要だというプロが多い。これは、**ストローク中に手首が折れたり回ったりすることでフェースの向きが狂ってしまい**、インパクトでフェースの向きが狂うことが命取りになるからだ。

このように、左手首をアドレスの角度のまま固定させるという意識を持つことは非常に大切になってくる。しかしこの意識だけでは物足りないから逆オーバーラッピンググリップがあり、さらに固定しやすいクロスハンドグリップがある。マスターズで2度優勝しているドイツのベルンハルト・ランガーのグリップはその上をいっている。左腕とシャフトが一直線になるように構え、右手でシャフトごと左手首を握ってしまうのだ。これは手首が完全に固定される感覚があり、よほど変な動きをしない限りフェース面はスクェアに保たれる。世界のトッププロでもこれだけ「手首を動かさない」ことに気を使っている。それだけ**パッティングにおいて手首の角度を保つことは重要な要素**なのだ。

肩

# 肩は横ではなく縦に動かす

「手や腕の力ではなく大きな筋肉で打つ」とは腹筋や背筋を使って打つということだが、この体幹部の筋肉は働かせるけど実際に動く（移動する）わけではない。では、実際に動く部分はどう意識すればいいのか？　ポイントは肩である。**バックスウィングでは左肩を下に下げ、ダウンスウィングでは右肩を下に下げる**ようにするのだ。肩を上下に動かせばヘッドはラインに対して真っすぐ動きやすいという理屈なのだが、これができていない人が意外と多い。フルショットの時のクセなのか、特にダウンスウィングで肩が縦に動かず横に動いて（開いて）しまうのだ。当然ヘッドは真っすぐ出ないで左に抜ける。ボールはラインから外れてしまうというわけだ。

肩の上下動によって手を動かすのだが、この時の**手の役目はあくまで「フェース面を感じる」**

だけ。右手の平をフェース面に見立ててもいいし、左手甲でフェース面を感じてもいい。その手を構えたまま固定しておいて、あとは肩に動かされる感覚が大切なのだ。

そして**肩の上下動をスムーズに行うためには、微動だにしない下半身が必要**だ。パッティングでは足を使わないと思っている人が多いだろうが、動かさないための筋力は使うのである。ももの裏やふくらはぎに張りを持たせ、どっしりと構える。肩の上下動によって少しでもブレることのないように、ストローク中もずっと張りを保つことが大切だ。ロレーナ・オチョアは両ひざの間にボールを挟んでパット練習をしていたが、これは不動の下半身を作るため。諸見里しのぶは両わきの下にクラブを通して練習していたが、こちらは手を使わずに肩の上下動を意識するため。トッププロでも意識するこの2つのポイントは、それだけ重要だということだ。

肩の縦の動きを意識する

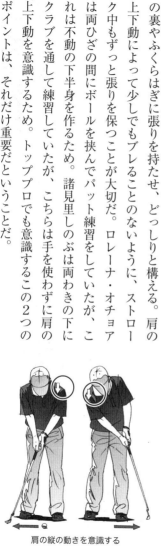

テークバック

# 小さいテークバックでしっかり打つ

プロのパッティングは、総じてストローク幅が小さく「届かない」と思ってもスルスルとカップまで寄っていく。これに対してアマチュアは下手な人ほど、大きくテークバックするのに、カップまで届かずに止まってしまう。同じ距離に対するテークバックの大きさは、プロとアマでは大きな差があり、それが技術の差ともいえるのだ。

**プロのテークバックはアマチュアよりも小さいのは間違いないが、プロの中でも差はある。**

以前こんな実験をしたことがある。5メートルの真っすぐのライン（やや上り）から、プロゴルファー10人に3球ずつ打ってもらってテークバックの大きさを計測したのだ。いちばん小さい人で31センチ、大きい人で40センチと、実に9センチもの差があった（ちなみにアマチュアの場合は50センチの人もいた)。大きかった人がカップをオーバーしたというわけではなく、プロだからもちろんみんな寄っている。

小さい人の言い分は「**インパクトを緩めずにしっかり打ちたいから、小さいかなと思うくらいのほうがいい**」というようなものが大半。大きい派は「テークバックが小さくて届かないかもと思うとパンチが入ってしまう」という意見。要するに小さい人は小さい幅の中でもスピードが速くしっかり打つし、大きい人はゆったりとストロークしているから、同じ距離転がるのだ。

このことについては片山晋呉の意見が興味深い。

「パッティングはテークバックが小さい人が上手い。世界でいちばん小さいのはタイガー。タイガーはオーガスタでもしっかりインパクトするから、あまり切れないで入る。あれはテークバックが小さいからだ」と語っているのだ。確かにマスターズのグリーンはガラスのように速いのに、タイガーは短い距離でもちゃんと打ち抜いている。**下りのとてつもなく速いラインでも、ソッと打つようなことは絶対にない。小さく引いてしっかり打つ**のだ。

フォワードプレス

# フォワードプレスで始動がスムーズになる

フィル・ミケルソンは、ある時期大事な場面でショートパットを外してしまうことに悩んでいた。イップスではないかと噂されることもあったほどだ。それを克服したきっかけが、フォワードプレスである。**フォワードプレスとは、構えてから手元を目標方向に少し押して、その反動でテークバックを開始すること。**この動作には「リズムがよくなる」ことと、「ハンドファーストに打てる」ことの2つのメリットがある。では、フォワードプレスをするとなぜリズムがよくなるのか？（ハンドファーストについてはＰ１９０参照）

パッティングが苦手な人というのは、構えた時にいろいろな不安が頭をよぎってしまうためにすぐにストロークを開始できない傾向がある。構えてから数秒間じっと静止してしまうのだ。こ

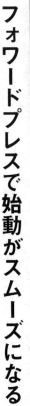

の静止の時間が長ければ長いほど、筋肉が次第に硬直してスムーズな始動ができなくなり、ストロークが乱れてしまう。自信のなさが悪い結果を生む悪循環に陥るのだ。何も考えずにスッと始動できればいいのだが、これがなかなか難しい。そこで、**「静から動」へのきっかけを与えてあげるのがフォワードプレスの役目**なのである。ヘッドは動かさないフォワードプレスなら誰でも難なく行えるから、ルーティーンのひとつにできる。そしてこれがリズムの1拍目となり、2拍目のテークバック、3拍目のインパクトとなめらかなリズムを作り出せるのだ。

このフ**ォワードプレスはショットでも有効**だ。手を前に押す動作に限らず、ジャック・ニクラスのチンバック（あごを後ろに引く動き）や、右ひざを内側に押し込むフォワードプレスもある。パッティングの場合はヘッドを地面にトントンとつけてリズムを作るプロもいるし、グリップを握り直すミルキングもリズムを刻むことができる。いずれにしても静止しないことが重要であり、バックスウィングを始めるスイッチがあれば、その後の動きがよくなる。

インパクト①

## 速いグリーンでもインパクトは加速させる

プロでもテークバックの大きさには個人差がある。5メートルのパットで約10センチの差があったわけだが、大きい派にも小さい派にも共通点がある。それは「**インパクトが緩まない**」ということだ。小さいテークバックでしっかり打つ人のインパクトが緩みにくいのはもちろんだが、**大きくゆったりストロークする人でも、インパクトは必ずわずかに加速しながら当たっている。**

しかしアマチュアのパッティングは、大きくテークバックしておいて、ダウンスウィングはテークバックよりもスピードが遅くなり、インパクトではブレーキがかかったように減速して打っている。インパクトが減速する（緩む）と、ヘッドの軌道はブレるし、フェースの向きも狂いやすい。芯は外れるし、当然転がりが悪くなり、カップに入らないどころか大ショートなんてことになってしまうのだ。タイガー・ウッズが「パッティングで大切なことはインパクトを緩めないことだ」と語っているが、これがあの転がりのよいパッティングに必要不可欠なことなのだ。

インパクトを緩めないためにはいくつかの方法がある。

①テークバックを小さくする、②インパクトの意識をなくしてターゲットに集中する、③フォローをテークバックより大きくする。①に関しては、小さくしすぎると手首を使って打ちにいったりしてしまうので、「少し小さいかな」と感じるくらいがいい。②は、「フェースをスクエアに当てる」など、インパクトに対する意識が強すぎることが緩む原因になるから。ちゃんと当てることよりターゲットに振り抜く意識を持つと改善される。③はフォローを大きく出すことで緩みを防ぐため。インパクトが緩む人はテークバックよりフォローのほうが小さいことが多いのだ。**テークバック対フォローが6対4になっている人は、反対に4対6のストロークをすれば、インパクトは加速される。**たまに「フォローはテークバックの2倍」などと言う人がいるが、それはやりすぎ。ほんの少しでもいいから、フォローのほうが大きければいいのである。

インパクト②

# 芯で打つ重要性を知ること

**パターの芯でボールの芯を打つ。**これはパッティングにおいて非常に大切なことだが、アマチュアできっちり芯で打てている人はごく少数。大きく振らなくていいパッティングは、ドライバーなんかより芯に当てることは簡単だと考えがちだが、実はかなり難しいことなのだ。

試しにパター用のショットマーカー（フェースに貼る紙で、打球痕がつくようになっているもの）で、インパクトがどこに当たっているか調べてみるといい。パットが苦手な人ほど打球痕は大きくバラついているはずだ。ある程度自信がある人でも、毎回必ず芯で打つのは難しいはずだ。

芯で打たないといけない理由は2つ。まずひとつは、**フェース面の向きが変わってしまう**こと。芯よりもトウ寄りに当たった場合、フェースはヒール側が前に出て開いてしまう。当然球は右に打ち出される。反対にヒール寄りに当たるとフェースが閉じて球は左に出る。これではいくらインパクトの瞬間までフェース面がスクェアに保たれていても、狙ったところに打ち出せないのだ。もうひとつは、**転がりが悪くなる**ということ。まったく同じ振り幅とスピードでストロークしても、芯に当たった球と芯を外した球では転がる距離が変わってしまう。芯で打てれば入ったものが、芯を外したためにカップに届かないということになるのだ。カップに届かないばかりか、転がりが弱いために芝目や傾斜の影響を受けて大きく曲がりやすい。

そして、何より問題なのは、**芯で打ったり外したりしているうちは転がりが安定しないので、自分の中に距離感が生まれない**。

前述したように、プロのパッティングが小さいテークバックでもスルスルとカップまで転がっていくのは、加速しながら当たっていることも要因だが、真芯で打っているということも大きな理由なのだ。**芯で打つためには、まずは手打ちを直す**こと。大きな筋肉でストロークしてヘッドの動きを安定させる必要がある。

インパクト③

# 頭を1ミリも動かさないで打つ

横峯さくらはデビュー当時、「飛ばすけどパットが下手」と言われていた。飛距離とショット力はもともと高かったから、パッティングがよければもっと早く賞金女王になっていただろう。自分の弱点を知っていた彼女は2009年からパッティング練習に多くの時間を割くようになり、苦手を克服して頂点に立った。その過程で彼女がパッティングでもっとも重要だと気づいたのが、「**頭を動かさない**」ということだったのである。「頭を動かさないってよく聞くけど、以前はあまり意識してなかったんです。でもそれを意識するようになってストロークが安定して、ショートパットが入るようになりました」と語っている。

この「頭を動かすな」という教えは、誰もが知っている理論だ。ところがアマチュアはあまりこれを重要視していない。本人は動かしていないつもりでも、インパクト直後にボールを目で追って顔が上がる人が多いし、インパクト前に頭が前後左右にズレる人までいる。反対にプロは頭が動く人はひとりもいないといってもいい。これが意外と見過ごされている、簡単なようで難しい大切な要素なのだ。しかも単純に動かさないというよりも、微動だにしない、1ミリも動かさない、というくらいの意識が必要。

上田桃子は、岡本綾子から「**頭は動いていないけど、眼球が動いている**」と指摘されて開眼したというエピソードがある。**頭を止めているつもりでも、目でヘッドやボールを追ってしまうと頭もミリ単位で動く可能性があるの**だ。1ミリも動かさないためには、宮里藍がよくやっていた、誰かに頭を左右から両手で挟んで押さえてもらいながら打つ練習がお勧め。実際にやってみると、押さえられている手に抵抗感を感じ、動いていないつもりの頭が日ごろは動いて打っていることがわかるはずだ。あとはインパクト後もすぐに顔を上げてボールの行方を追わずに、3秒くらい頭を残す意識を持つこと。頭を残せばフェースの芯に当たる可能性も高くなる。

インパクト④

# インパクトでは左手がヘッドよりも先行する

昔のプロはグリーンが重かったために強く打つ必要があり、手首を使ったり個性的な打ち方をしていた人が多かった。そして現代は強く打つよりもラインに乗せることが大切で、個性は消えてある程度のセオリーが出来上がっている。

しかし、昔のプロも現代のプロもどんな打ち方をしている人でも、2つの共通点がある。

**①インパクトで左手がパターヘッドよりも先行している**

**②頭がヘッドよりも前に出ない**

この2つである。

①は要するにハンドファーストで打つということだが、大きく手を前に出すわけではない。1

ミリでもいいから先行すればいいのだ。実際にタイガーのパッティングを見ても、明らかにわかるようなハンドファーストなわけではないが、ヘッドが左手を追い越すのは必ずインパクトのあとだ。フィル・ミケルソンの場合は、ハンドファーストに構えてからフォワードプレスをして打っているから、インパクトはさらにハンドファーストに当たっている。

では、なぜハンドファーストに打つ必要があるのか?

手が先行したほうがヘッドの動きがコントロールしやすいからだ。これは物理的なことだが、**物体を動かす時は「押す」動作よりも「引く」動作のほうがコントロールが利く**のである。例えばペンで縦の線を書く時に、手前から奥に押して書くよりも、奥から手前に引いて書くほうが真っすぐきれいに書けるもの。パターのヘッドも、ヘッドが手を追い越した瞬間に「引く」動作から「押す」動作に変わってしまうので、インパクトまでは手が先行しているべきなのだ。

しかし手を先行させたいと思うあまりに、頭が動いてヘッドより左に出てしまうとヘッド軌道が変わってしまう。これが②のどんなプロも頭がヘッドよりも前に出ていない理由である。

フォロー

# ダウンブローに打ってフォローを低く出す

片山晋呉は、「パッティングはダウンブローのイメージで打っている」と言う。その理由は**フォローでヘッドを低く出す**ため。「タイガーもミケルソンも、世界のトップはみんなフォローが低い。フォローでヘッドが高く上がるような打ち方をしているトッププロは見たことがない」と語っている。**フォローを高く出すよりも低く出したほうが、狙ったところに確実に打ち出せる**というのだ。「ダウンブローのイメージで打つとフォローが低くなるというだけで、実際に軌道がダウンブローになっているわけではないと思う」とは言うが、同じくパット巧者の藤田寛之も「ダウンブローに打ってヘッドを低く出している」と言う。

一方で、「アッパーブローに打ったほうが、球に順回転がかかって転がりがよくなる」と言うプロもいる。アッパーブローに打つとはいっても、下から上にボールをコスリ上げるわけではなく、ヘッド軌道の最下点以降に球に当たるように打つということ。それでもヘッドが上がりながら当たるわけで、低いフォローにはつながらない。相反する2つの意見があるが、どちらもプロがやっていることだから正しいとか間違いとかはない。要は、**フォローを低く出して方向性を重視するか、フォローは自然に上がるように打って転がりのいい球を好むか、**という問題なのだ。

片山晋呉の「アッパーのほうがボールがスキップ（芝の上を飛ぶ）しないから転がりがいいというのは聞いたことがある。でも、スキップしようが入ればいいわけで、僕の経験ではフォローを低く出したほうが入る」という意見が核心をついているのではないか。欲をかくなら、距離感が大切なロングパットはアッパーブローに打ち、方向性が大切なショートパットはダウンブローのイメージで打つという具合に使い分けてもいいかもしれない。

ヘッドを低く出すことで、方向性が確実にアップする

リズム

# アドレス・トップ・フィニッシュでリズムを刻む

「ゴルフはリズムを刻むスポーツだ」と言った人がいる。まさにその通りで、ドライバーショットもアプローチもパッティングも、すべてのショットでリズムが大切だ。

アプローチの章でも述べたことだが、**リズムよく打つということは、スウィング（ストローク）の余計な動きを消してくれる効果**がある。そして自分のリズムをしっかり持って、毎回同じリズムで打てる人は、スウィング（ストローク）の再現性が高いから、多少変な動きをしようが、狙ったところにボールを確実に運べるという強さがあるのだ。自分のリズムがしっかりある人というのは、**ドライバーからパターまで、すべて同じリズムで打っている**。ドライバーが「チャー・シュー・メーン」なら、パッティングも「チャー・シュー・メーン」なのだ。

例えばゆったりしたリズムで振る宮里藍は、パターのストロークもゆったりしているし、リズムの速いタイガー・ウッズは、パッティングも小さく速く打つタイプ。付け加えるなら、トッププロの場合はフェアウェイを歩くリズムまで、すべてが同じなのだ。しかしアマチュアはどうだろう。同じショットでも毎回リズムがバラバラだったり、ドライバーはゆったりと振っていても、パッティングだけ速くなる人も多い。しかもパッティングの場合は、インパクトで急に減速したり、反対にパンチが入ったりするから、リズムも何もない。動きによどみがあるのだ。

パッティングは動きが小さいから、リズムに合わせて打ちやすい。頭の中で「イチ（アドレス）・ニイ（トップ）・サン（フィニッシュ）」とリズムを刻みながら打つようにすれば、インパクトの緩みもパンチもなくなるはずだ。この時注意するのが、「サン」はインパクトではなくフィニッシュだということ。たまに「サン」をインパクトにしてしまう人がいるが、これではフォローがしっかり出ないから転がりが悪くなる。そうして**パッティングで自分のリズムを作り上げたら、そのリズムをすべてのショットで刻むようにしていく**。これが上達への近道なのだ。

# 振り幅ごとに転がった距離を歩測しておく

プロは、アプローチでもパッティングでも距離感は「想像力」だと口を揃えるが、どのくらい打てばどのくらい転がるという、想像力を働かせられるのは、ある程度経験を積んでからのこと。経験の浅いゴルファーは、距離に対してボールがどれくらいのスピードで転がっていけば届くのか、イメージすることが難しいだろう。そこで役立つのが、**練習グリーンでの歩測**だ。

スタート前の練習グリーンに着いたら、まず始めに、自分がもっとも気持ちよく自然に振れる振り幅（右足外から左足外と決めてもいい）で打ち、これが何歩分転がったのか歩測する。

仮に7歩だとしたら、7歩の振り幅をその日の基準にして、10歩の距離ならその振り幅よりもやや大きく、5歩だったら振り幅をやや小さくして打つのだ。さらに、グリーンの傾斜は、例えば、5歩の距離で上り傾斜なら、6歩だと考えて打つというようにして調節する。

もっと細かく基準を作りたい場合は、北田瑠衣がデビュー当時にやっていた方法が参考になる。**練習グリーンで、3歩、5歩、10歩の3つの距離から打って、それぞれの強さ（振り幅）を覚えておく**というもの。基準が3つあれば、距離はさらに合わせやすくなるはずだ。

ただ、練習グリーンとコースのグリーンで速さが違う場合も結構あるので注意が必要だ。

また、芝目の影響などもあるので、毎回必ず歩測した距離と同じだけ転がるとは限らない。それでも、この方法をしばらく続けていると、そのうち、歩測なしでも「あそこまでならこれくらい」と距離感を想像できるようになる。そうなった時は、自分の感覚を信じて自信を持って打てば、ぴったり寄るようになっているはずだ。

パッティングの距離感の合わせ方②

# ボールの転がるスピードをイメージする

グリーンスピード（速さ）は、スティンプメーターという、専用の器具で測り、「○フィート」というふうに、「フィート」の単位で表される。スティンプメーターは雨どい状になっている金属製の器具で、３フィートの長さのその器具の一方の端にボールを置き（ボールが留まるように小さい穴が開いている）、その端を徐々に持ち上げて、自然に転がり出るボールがどのくらい転がったかを測るという、簡単な仕組みのもの。もちろん、転がる距離が長いほど、グリーンが速いということになる。朝、ゴルフ場のキャディマスター室前に行くと、その日のグリーンスピードを、スティンプメーターの計測値で表示してあるコースが多い（プロの場合、12以上が多い）。

できれば、プレーするたびに必ずグリーンスピード（スティンプメーター値）を確認して、グリーン上のボールの転がり具合と一緒に記憶しておきたいところだ。**パッティングの距離感というのは、結局のところ、ボールが転がっていくスピードをどうイメージするか**、ということに通じる。このくらいのスピードで転がしたいから、このくらいの強さで打つ、というのがプロや上級者の多くが考える距離感だ。小ワザのテクニックはツアー屈指の横田真一は、**アドレスしている時に、飛球線後方から転がってくるボールをイメージする**という。後ろからころころ転がってくるボールが、アドレスしているボール位置を通過してカップに向かって転がっていく。そのイメージに合わせて、パターを動かす、というのだ。

しかし、コースごとにグリーンのスピードは違うから、そのグリーンの速さに合わせたボールの転がりをイメージできなければ、距離感も合わないことになる。その日のグリーンがどのくらいの速さだったか、感覚的に「速い」、「遅い」というだけではなくて、**客観的な計測値を記憶し**ておく。それが積み重なっていくと、経験としてグリーンのスピードが自然にイメージできるようになり、距離感も磨かれてゆくのである。

パッティングの距離感の合わせ方③

# 他のプレーヤーのパットから、グリーンの情報を収集

テレビ企画などで、任意の場所からのアプローチを全員が打ち、カップにもっとも遠い人が脱落というゲームがある。これをパット勝負で行うと、最初にパットするプレーヤーがもっとも不利で、あとからパットするほど有利になってしまう。それは、**他のプレーヤーのパットから、グリーンのスピードや状態に関する多くの情報が収集できる**からである。例えば、最初のプレーヤーが打つ時の振り幅や、打ち出し直後のスピード、カップに近づいてからのスピードの落ち具合などを見れば、グリーンのスピードの判断がほぼ完璧についてしまう。パットの名手として世界に知られる、青木功などは、打つところを見ていなくても、パッティングの「音」だけで、グリーンの速さがどのくらいなのか、だいたい把握できるのだという。

そこまでの鋭敏な感覚は持ち合わせていなくても、他のプレーヤーのパットを注意深く観察することで、自分のパッティングに役立ついろいろな情報が集められる。いちばんわかりやすいのは、**上り、下りについての情報**だ。グリーンは全体としてひとつの傾斜を形成しているが、一旦、グリーンに上がってしまうと、その傾斜は見えにくくなってしまうことが多い。しかし、誰かがパッティングすれば、その転がり具合によって、どちら側からは上りで、どちら側から下りなのかということが判断できる。また、**カップ付近はボールの転がる勢いがもっとも弱まるので、芝の状態や傾斜の影響を受けやすい。したがって、この部分の転がりは、ぜひ気をつけて観察しておきたい**。カップ付近でもスムーズに転がるグリーンの場合、芝の状態がいいということなので、打ちすぎるとカップを大きくオーバーしやすい。カップ付近で急激にブレーキがかかるようなグリーンの場合は、芝目が強いか、芝が伸びている状態ということ。特にショートパットは強めにしっかり打たないとカップに蹴られたりすることが多いので、注意が必要だ。

# 「仮想カップ」で上り、下りのタッチを調整する

**グリーンというのは、錯覚によって構成されている場所**といってもいい。というのは、設計家にとっては、グリーン上でいかにプレーヤーに錯覚させ、容易な攻略を許さないか、というのが、命題のひとつであるからだ。設計家が考える、戦略性の高い、いいグリーンというのは、普通のプレーヤーがパーやボギーを狙ってプレーする分には比較的やさしく、上級者がバーディを狙っていく時には難しいというもの。そうした仕掛けのひとつには、例えば「見えない傾斜」というのがある。**傾斜というのは、わずか1%でも、グリーンのコンディションがよければ、ボールの転がりに十分影響を与える**のだが（1%の傾斜は1メートルごとに1センチ高さが変化する傾斜のこと）、1〜2%の傾斜は、人間の感覚では知覚しにくいといわれている。つまり、そういう

傾斜がかくれているると、真っすぐなラインに見えるのに、打ってみると微妙に曲がったりするということだ。それでなくても、グリーンの傾斜というのは、グリーン上にいると見えにくい。グリーン上にいて、**上り、下りの判断がつかなくなった時は、周囲の地形を見渡す**。その高低から、グリーンの傾斜も見えてくるはずだ。

ところで、上りは強めに打つ、下りは弱めに打つということは誰にでもわかるが、実際に打つ時には、本当にその強さでいいのか、不安になるものである。これは、これから打とうとしている強さ（距離感）と、実際に見えるカップまでの距離が違うことで起こる違和感である。人間は目で見たものに対して反応しやすいようにできている。だから、上りでも下りでも「見えている」カップに合わせて無意識に打ってしまいやすい。そこで、上りや下りのパットの時には、実際のカップではないところに（上りならカップの奥に、下りならカップの手前に）、仮想カップをイメージし、そのカップに向かってパットするようにする。傾斜の度合いによって、仮想カップの位置は前後させよう。

# わずかにオーバーする距離感で確率が上がる

パットがカップに沈むには、2つの要素をぴったり合わせる必要がある。2つの要素とはつまり、**「方向」と「距離感」**である。この2つはどちらがより重要度が高いと思うだろうか。即座に正解を思い浮かべた諸兄は、おそらくパット上手である。答えは距離感。なぜかというと、方向、つまりラインというのは、どのくらいの強さで打つかによって変わるものだからである。同じ2メートルのスライスラインでも、カップをオーバーする距離感で打つ人と、カップにちょうど届く距離感で打つ人では、ラインは全然違う。

プロがよく、勝負どころの短いパットを、強めに「ラインを消して」打つ、という。打ち出された直後、ボールの転がりに勢いがあるうちというのは、多少の傾斜があっても真っすぐに転がる。傾斜によって大きく方向を変えるのは、カップに近づいてボールの勢いが弱まった時だ。優勝の行方を左右するような大事なパットの場面では、ちょうどぴったりカップに届くような微妙な距離感は出しにくい。また、そういう距離感のパットは、カップ近くの傾斜で予想外の変化をしやすくなる。そこで、**距離感を強めにして、ストレートに転がる勢いのまま、「曲がる前にカップに届かせる。それが、「ラインを消す」ということ**だ。

もちろん、どんなパットも強めに打てば「ラインを消せる」というわけではない。5メートル以上もあるパットを、「ラインが消えるほど」強く打ったのでは、カップに入るどころか、勢いあまってグリーン外に出てしまうだろう。ただ、どんなパットでも、**カップをわずかにオーバーする距離感で打たないと、カップインの可能性は低くなる。**ちょうどカップまでの距離感では、カップ手前の傾斜で方向が変わると、カップに届かなくなってしまうからだ。では、どのくらいの強さが適正か。実力派「イケメン」プロとして人気のある、矢野東は、「どんなパットも（もし外れたら）45センチオーバーする距離感で打っている」と言っている。

ショートパットを確実に決める方法

## 真剣にフェースをカップに向けて構える

プロの世界では、2メートル以内のショートパットをどれくらいの確率で入れられるかによって、一流と二流以下のプレーヤーに分かれるといわれている。実際、賞金ランクの上位に入るプレーヤーというのは、例外なくパットが上手い。

**ショートパットの確率を高めるためには、パットのメカニズムを知る**必要がある。通常のショットの場合、インパクトの直後、ボールがどの方向に飛び出すかというのは、スウィング軌道によって決まる。つまり、ターゲットラインに対してアウトサイドイン軌道なら、ボールは左に飛び出し、インサイドアウト軌道ならボールは右に飛び出すというわけだ。これは、スウィング自体にスピードがあるから。意外なことに、打ち出しの方向に関して、フェースの向きはまったく関係がない（フェースの向きはサイドスピンに関係があり、スウィング軌道に対するフェースの向きによってフックしたりスライスしたりする）。ところが、パッティングの場合は、ある程度長い距離（5メートル以上といわれている）でないと、スウィング（ストローク）軌道がボールの打ち出し方向に影響することはなく、ボールはほぼ100％、フェースの向いた方向に打ち出されるのである。つまり、短いパットになればなるほど、**打ち方うんぬんより、フェースの向きが重要**ということである。実際に試してみるとわかるが、ごく短い距離（ストレートなライン）なら、フェースさえしっかりカップに向けて構えれば、どんなに極端にストローク軌道をゆがめても、カップインするのである（インパクトでフェースの向きがスクェアに保たれていることが条件）。したがって、ショートパットを決める最大のコツは、**フェースをカップに真っすぐに向けて構えるということに全神経を注ぐ**、ということになる。ちなみに、ストレートなライン、2メートルのパットで、フェースの向きがどのくらいブレるとカップインしなくなるか。答えは、わずか1・5度である。

ロングパットを確実に2打でおさめる方法

## カップの周りに半径1メートルの目標円をイメージする

日本では伝統的に、コーライとベントの2グリーンとなっているコースが多かった。しかし、ベントの品種改良が進み、日本の夏を越せる対暑性を持つ品種が数多く誕生したことによって、多くのコースで欧米のような1グリーンへの改修が進んだ。現在では、もともと1グリーンであるか、2グリーンを1グリーンに改修したコース、あるいはサブグリーンが残っていても、通年使っていないというコースがほとんどである。

1グリーン化によって変わったことといえば、**2グリーン時代には考えられないほどの、ロングパットが残る機会が増えた**ということであろう。当然ながら、2グリーンでは、グリーン1面あたりの面積が小さかったため、グリーンに乗せるのは難しいが、乗せてしまえばバーディチャンスというケースが多かった。それに比べ、アメリカンタイプの1グリーンの面積は、かつての日本の平均的なグリーンの3倍から4倍ということも珍しくない。乗せるのはやさしいが、乗せる位置によっては3パット必至といった具合である。

10メートル近いロングパットは、たとえプロでもカップインすることは少ないし、そもそも「入れよう」と思ってパットに臨んでいないことが多い。ロングパットではカップインより、**いかに「3パットしないか」ということのほうがはるかに重要**なのである。アメリカLPGAのグランドスラマー、アニカ・ソレンスタムはパットの名手としても有名だが、ソレンスタムはロングパットを打つ場合、カップの周りに半径1メートル程度の目標円を設定するという。カップに「寄せよう」とするのは難しく感じるが、半径1メートル（つまり直径2メートル）の円内に「入れよう」とするのは、それに比べ、かなりやさしく感じられはしないだろうか。また、人間の目は正面にあるものの距離感は、正対しなくても比較的つかみやすくできている。だが、ボールとカップを結ぶ後方線上に立ち、カップを見ながら正対して素振りをするほうが、よりタッチを出しやすい。

ラインの読み方の基本①

# グリーン全体の傾斜を、グリーンに上がる前に見ておく

ほとんどのゴルファーは、グリーンに「上がってから」、自分のボールとカップの間の傾斜を必死に読む。自分のボールのところにくるまでは、ラインのことは考えていないことがほとんどだろう。しかしプロや上級者は違う。セカンドショットを打ち終えて、グリーンに向かって歩いている時にはすでに、グリーン全体の傾斜を見ているのだ。グリーンというのは、一旦その上に立ってしまうと、どこが高くてどこが低いかが判断しにくい。**人間は無意識に、重力方向に対して垂直に立つ習性があり、それによって、自分の足元のグリーン面を平らに感じてしまいやすい**からだ。

また、傾斜が複合することによって、ひとつひとつの傾斜を錯覚してしまうということもある。

例えば、目の前の5メートルは緩やかな上り傾斜でも、その奥にさらに強い上り傾斜がある

と、手前の傾斜は平らに見えたり反対に下りに見えたりしてしまうことがある。実際は上りであるにもかかわらず、下りと判断して打ってしまうと、当然大きくショートすることになる。「あれ、下りに見えたのに」という経験は、誰にでもあるはずだ。こうした錯覚を防ぐには、少し離れた場所から見るというのが最善の方法である。だから、**上級者はグリーンに「上がる前」に全体の傾斜を見ておくということを、習慣にしている。**また、**グリーン上でも、ボールとカップの間だけではなく、グリーン面全体の傾斜を意識する**ことが大切だ。

さらに、ゴルフ場には、「地形全体の傾斜」があることも、見逃してはならない。人工的に造られたグリーンの傾斜に気をとられて、そもそもゴルフコース全体が、その土地のもともとの傾斜の上に造られていることを忘れてはいないだろうか。例えば、富士山のふもとにあるコースでは、グリーンの傾斜は明らかにスライスに見えるのに、実際はボールが左に転がったりする。それはコース全体が、見た目ではわからない程度に、富士の裾野の傾斜にかかっているからである。富士に限らず、大きな山の近くにあるゴルフ場では、同じようなことが割と頻繁に起こる。

ラインの読み方の基本❷

## ラインを読む時は、目線をできるだけ低くする

アメリカPGAツアーで活躍する、カミロ・ビジェガスは、地面にはいつくばるようにしてラインを読む独特のポーズから「スパイダーマン」と呼ばれ、日本でも有名になった。石川遼がこれを真似し、スパイダーマンポーズでラインを読んでいた。石川によれば、「普通に読むよりラインがよく見える」ということだった。ビジェガス本人は、自身のポーズについて、「より正確にラインを読もうと地面スレスレに顔を近づけていった結果、自然に生まれた」と言っている。

つまり、**目線というのはなるべく低くしたほうが、ラインが読みやすい**ということだ。**目線が高いと、小さい傾斜は全体の大きな傾斜に埋没してしまいやすい。**視線を徐々に下げていくと、ボールとカップの間にある細かな傾斜が、次第にはっきりと見えるようになる。上面に傾斜がつ

いている箱を真上から見ても、傾斜があるかどうかわからないが、視線を落として、箱を真横から見るような角度になれば、傾斜の様子がよくわかる。それと同じだ。とはいえ、ほとんどの人が、その程度の理屈自体は、感覚的にわかっている。わかっているから、ラインを読む時は、大抵の人がしゃがんでいる。しかし、実際のところ、きちんと傾斜が判断できる位置まで、目線を低くするという意識があるゴルファーは、そう多くはないのではないか。傾斜を正確に判断するために、顔の位置をどんどん下げた結果がスパイダーマンポーズ。ビジェガスにとっては、そこまでしなければ、ラインの判断に納得いく結論を出せないということ。だからといって、すべてのゴルファーが、「スパイダーマン」になることを勧めるわけではないが、ただしゃがむだけでなく、**さらに一段顔を低くする意識を持つだけで、それまで見えなかった傾斜が見えてくる**かもしれない。

また、ボールの後ろから見ているだけでは、どうしても傾斜がわからない場合もある。そんな時は、カップの反対側から読むと、急に見えやすくなる場合もある。スロープレーにならないように、他のプレーヤーが打っている間に、反対側に回って見ておくことも大切だ。

# 「上りのストレート」から、ラインの曲がり幅を推測する

スライスライン、フックラインは、どのくらい曲がるのか、その曲がり幅を判断するのが難しい。グリーンスピードや芝目、ボールを打つ強さでも曲がり幅は変わるので、傾斜と曲がり幅に対する絶対的尺度がない。ただ、どのくらい曲がるのか、見当をつける方法はあるので紹介しよう。

これは、金井清一が実践している方法である。まず、カップに対して、「上りの真っすぐ」のラインを探す。距離は1メートル～2メートルくらい(A地点)。そして、そのラインに対する「仮想カップ」を決める。上りのラインなので、仮想カップは実際のカップより奥（ラインの延長線上でカップを過ぎたところ）になる。金井プロの場合、**カップの奥30センチくらいのところに仮想カップを設定する**という。さて、**この仮想カップは、最初に見つけた上りのラインに対するタ**

**ーゲットなのだが、実はこれが、グリーン上のどこから打つ場合でも狙うべきターゲットの目安となる**のだ。例えば、カップの真反対の位置（B地点）から打つ場合、「下りの真っすぐ」のラインになるわけだが、この時、最初の仮想カップはカップの手前30センチのところにあり、ちょうど下りの距離感に合う。さらに、最初のラインから90度右の地点（C地点）に移動すると、それは「フックライン」となり、普通なら曲がり幅の判断が難しいところだが、この場合は簡単。やはり、最初の仮想カップを狙えばいい。そもそも、最初の**「30センチ奥」という仮想カップの設定には、グリーンの斜度の計算も含まれている**ので、この場合、実際のカップの「右30センチ」を狙えば、ちょうどカップに向かってボールが「落ちていく」ということになる。これは、この反対側の「スライスライン」でももちろん同じ。さらに、それ以外のどの地点から打っても、最初の仮想カップを狙う限り、結局、ボールは実際のカップに向かうということだ。

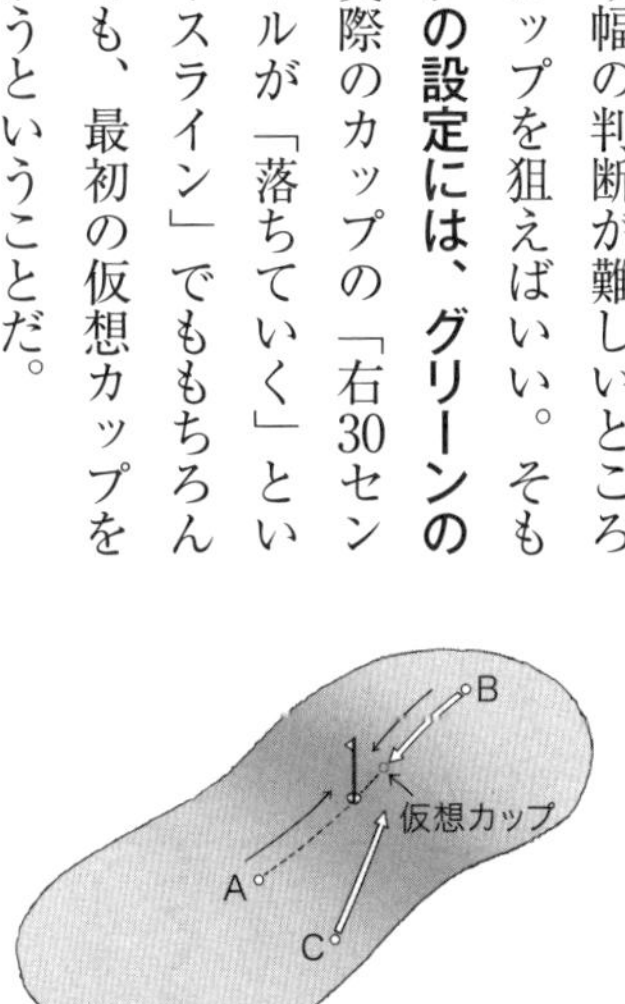


どの地点からもこの仮想カップを目指す

「芝目」を判断する方法

# 水の流れ、人の流れに注目すると芝目が見えてくる

パッティングのラインにいちばん影響が大きいのは、当然、傾斜である。しかし、より精度の高いライン読みには、「芝目」の判断が不可欠だ。芝の1本1本の茎、葉というのは垂直に育つものだが、雨で水が流れたり、上から圧力がかかったりすると、一定方向に葉が倒れて生育する。この上をボールが通過すると、ボールは葉が倒れている方向に曲がりやすくなる。これが、芝目である。では、この芝目をどうやって見極めるか。芝目は、グリーンの表面をじっくり見てもなかなかわかりづらいので、まず、**芝目ができる要因のほうを探して、そこから向きを推測**する。最初の手がかりは、水の流れである。グリーンというのは、コースの命なので、かなりの大雨が降っても、表面に水がたまらないように造られている。降雨の大部分は、一旦、地中に染み込ん

でから排水されるようになっているのだが、「表面排水」といって、グリーン自体が、表面の傾斜をつたって水をグリーン外に排出する機能を担っている。この**排水の流れの方向に、芝目はできやすい**。グリーンに立って、バケツをひっくり返したような土砂降りの雨が降るのを想像する。その時、水が流れていく方法が芝目の方向である。

よく、高い山のそばのゴルフ場で、ハウスキャディが「○○山から順目」というアドバイスをするのは、山の裾野の天然の傾斜を、表面排水に利用している結果である。また、高い山からは山すそを吹き降ろす風が一定方向（傾斜の上から下）に吹くので、さらに芝目が形成されやすい。

次に影響が大きいのは、人の流れ。グリーンにはフェアウェイ側の「入り口」から、次のホールへ向かう「出口」まで、プレーヤーの動線がある。この、**大勢の人の足がグリーンを踏みしめる圧力、「踏圧」によって、芝目が形成される**。この場合、動線の向きによっては、上り傾斜に対して芝目の方向が向いている（下りなのに重い、フックラインやスライスラインが思ったほど曲がらない）場合もあるので、特に気をつけたい。

# 入るパッティングのメンタルテクニック

## カップまでの正確な距離を知ることで、不安要素を少なくする

長い距離のパットに臨む場合、「3パットしそう」という不安が、いつでもつきまとう。

直前に何度も素振りをして、距離感のイメージを作っても、それが正しいのかどうか確証がない、それが不安の根源である。ならば、その不安は取り除けばいい。これから打つパットは正確に何メートル（何歩）なのか、歩測してからパッティングすればいいのである。

距離感の目安として、**「歩数に応じた振り幅」を知っておくというのは大基本**だが、実際のグリーン上で、きちんと歩測しているアマチュアは少ない。もちろん、スロープレーを気にしてという側面もあるが、ボールをマークしてカップまで歩いていき、戻ってくるくらいの時間はいつでもあるはずだ。

ついでに、カップの反対側に回って、ラインを読んで戻ってくれば一石二鳥だ。ツアープロは、必ずこの手順を踏んでいる。

カップまでの正確な距離がわかれば、自分がどのくらいの強さでストロークすればいいかわかるし、その判断に自信が持てるので、ストローク自体がスムーズになる。結果、ファーストパットがカップに寄る確率も高くなるのである。

**集中できていないと感じたら、できるだけ小さいところを見る**

アドレスしたはいいが、何だか「気持ち悪くて」、もぞもぞとセットアップを微調整して時間をかけてしまうことがある。

こういう時のパットは、大抵外してしまうものだ。これは、パットに集中しきれなかった結果である。

誰でも、バーディパットや、「このパットを入れるとベストスコア更新」というパットになれば緊張する。ライバルと競っている時に、長めのパーパットが残れば、プレッシャーもかかるだろう。

こうした、緊張やプレッシャー、不安、恐れといったものは、心の「ノイズ」となって、集中力を乱すもととなる。これを取り除くには、**何か小さいものを凝視して、そこに意識を集めるようにするのがいい。**

例えば、ボールのディンプルのどれかひとつをじっと見つめてみる。それまで、緊張や不安といった、自分自身の感情に向いていた意識が、「ディンプルを見る」という行為に移るので、ノイズが認識されづらくなる。ふと、何も考えていないような状態になる瞬間が訪れ、集中できている自分に気づくはずだ。

## 「難しそう」ではなくて、「簡単だ」と思い込む

10センチのパットならば、誰でも何の不安もなくカップインさせることができるはずだ。それ

が50センチでも、同じかもしれない。しかし、それが1メートルだったらどうか。ラインが複雑でなければ、それほど外す確率の高い距離ではない。仮に練習グリーンだったら、割と簡単にポンポン入れているはずだ。にもかかわらず、本番では、なぜか急に「入らないかもしれない」という気持ちが湧き上がってきてしまうのではないだろうか。

パットというのは、「難しい」と思った瞬間に、体がスムーズに動かなくなり、カップインさせるのが本当に難しくなってしまう。そういう場合は、**「難しい」というイメージを、「やさしい」に変える作業が必要だ。**やり方は、そのパットを沈めるより、もっと難しい状況を想像すること。

例えば、わざとカップのふちをくるっと一周させてカップイン「させない」とか。そうすると、それに比べれば、真ん中からカップインさせるほうが「簡単だ」と思えてくるはずだ。

あるいは、**「自分にはできる」と、自分自身を鼓舞する**方法でもいい。タイガー・ウッズは、入れごろ外しごろのパットを打つ時は、心の中でずっと〝I can make it.〟(自分なら必ず入れられる)と繰り返しているという。

## パットのラインはできるだけ「太く」イメージする

カップの直径は約108ミリである。これがどのくらいの大きさか、イメージできるだろうか。プレーしていると、時々カップがとても小さく感じられる時がある。しかし、実際は、日本酒の一升瓶がすっぽり入るほど大きいのである。カップに入れようと考えると難しいが、そこにある**一升瓶にボールをぶつけると考えると、何だかやさしく感じられないだろうか。**

真っすぐなラインなら、実際にボールが転がる部分の細い線のイメージではなくて、カップの幅の真っすぐな太いラインをイメージしてみる。その幅でボールを転がせばいいと考えると、「難しい」とは思わなくなるはずだ。

同じように、曲がるラインの場合も、糸のように細いラインをイメージするのではなく、雨どいのような太い溝があるとイメージして、その中をボールが転がっていくと考えればいい。

## グリップの力が抜けない時は、逆にギュッと握り締める

ショットでもパットでも、「グリップに無駄な力を入れない」というのが基本である。グリップを強く握り締めると、連鎖的に腕、肩にまで力が入り、スムーズなスウィング（ストローク）の妨げになるからである。

パッティングの場合、プレッシャーがかかる場面になると、無意識にグリップに力が入ってしまいやすい。一度力んでしまうと、「力を抜こう」と思っても、なかなか抜けないものだ。

そういう時は、**グリップを思い切りギュッと握り締めてみる。そして、ふっと力を抜くと、きちんとリラックスした適正なグリッププレッシャーに戻すことができる**はずだ。

また、それとは逆に、グリップを強く握ることで、ストロークの「緩み」をなくして、安定したパットができると主張するプロもいる。

例えば、メジャー8勝のトム・ワトソン（アメリカ）がそうだ。ワトソンは「手の指が白くなるほど」強くグリップを握っていて、アマチュアにもそれを推奨している。

こぼれ話

# 昔のプロのパッティングは見ているだけで面白かった⁉

この章のはじめに、昔は個性的なパッティングスタイルのプロが多かったと述べた。ジャック・ニクラスは背中を大きく丸めてひじを曲げて両足を揃えて打っていたし、パット名手だったベン・クレンショーは突っ立つように構えて腕を完全に伸ばして打っていた。両ひざをつけてつま先を内側に向けるビリー・キャスパー、腕をつかんでしまうベルンハルト・ランガー……。昔のプロたちのパッティングは見ているだけで面白みがあったのだ。

そして奇抜なスタイルの代表格が、サム・スニードである。いまでもそのスウィングの美しさは語り継がれているほどのショットメーカーだったが、1メートルのパットが入らずに悩んだ時期があった。そして編み出したのが「サイドサドル」というパッティングスタイルだったのだ。カップのほうに体を向けボールの横に両足を揃えて立ち、手前から押すように打つ。体を傾けて頭をライン上に出していたから、確かに狙ったところに打ちやすそうだ。スニードはこのスタイルでツアー82勝という記録を打ち立てたが、誰も真似しなかったのは、やはり格好悪いからだろう……。

# 6章 ショットの精度を高める練習法&道具

## プロもやっている！ ウェッジレベルアップ練習法

### ●片手アプローチ

プロや上級者に、アプローチが上手くなる練習法は？ と聞くと、筆頭に上がるのが**片手で打つ練習法**だ。片山晋呉は高校生の頃から毎日必ずやっているし、石川遼、有村智恵、諸見里しのぶなど、男女問わず多くのプロが日課にしているほど、効果が高いのだ。

やり方は単純で、**片手（最初は右手から）でSWを持って20ヤードくらいのピッチ&ランを打つ**のだが、やってみるとわかるがかなり難しい。最初はダフったりトップが出てまともに当たらない人が多いが、それは手の力でクラブを動かしたり、手首を使って打とうとしているから。手首は固めて腕とクラブを一体化させて、足、腰、腹筋・背筋を使って打つようにすれば、何球か打つうちにちゃんと当たるようになるはずだ。片手で当たるようになってから両手で打ってみると、驚くほど簡単に感じる。ザックリやトップの心配がまったくなくなり、気持ちいいほどフェースの芯で当たるようになるのだ。これは右手、左手20球ずつくらい打っただけでも効果を感じられるはずだから、すぐに試してみるべきだ。

ある程度の期間この練習を続けて、片手でも1球目からしっかり打てるようになったら、次に意識を向けるのは、左右の手それぞれの役割だ。**右手は手首の角度をキープしながら、ヘッドをダウンブローに入れていく役目。そして左手は地面に対して平行運動させながら低く長く使う。**反対の動きに思えるこの2つを、両手で打つ時に上手く合わせると、緩やかなダウンブローで入って、低く長く抜ける理想的なインパクトが出来上がるのだ。

右わきが締まっていることを意識するとよい

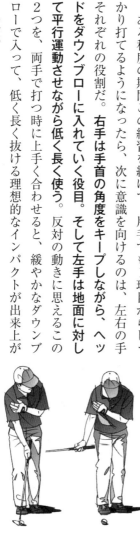

## ●クロスハンド

手首の角度をキープして打つことが大切だというのは2章で述べているが、その感覚が簡単に身につくのがクロスハンドで打つアプローチ。下のイラストのように**左手を下にして握り、シャフトを左に傾けて左腕とシャフトが一直線になるように構える。**左手首が完全に伸びるから固定しやすく、その形を保ったまま体で打つだけ。日ごろ手首を折るようにして球を上げている人は、手首が固定されてもロフトが球を上げてくれることがわかるはずだ。この練習は宮里藍も取り入れていた。

クロスハンドだと、手首を折らなくても、自然にボールが上がっていく

## ●クラブを両わきに挟んで打つ

ザックリやトップの次に多いアプローチのミスは引っかけ。この原因はダウンスウィングで肩の開きが早いことだ。クラブを1本わきに挟んで打つ練習は、肩の向きがわかりやすいので、真

っすぐ打ち出せるようになる。体の左側につき出たシャフトが、打ったあとに視界から消えてしまうようでは、肩が開きすぎ。**最後まで視界から消えないように、肩を縦に動かす**ようにする。この練習は肩の開きを抑えるだけでなく、クラブをわきに挟んでいることで腕が使えなくなるというメリットもある。

## ●悪いライで打つ

アプローチ練習をバンカーでやるのは、プロの間では日常的なこと。芝の上だと少しくらい手前から入ってもソールが滑って球は飛ぶが、砂の上だと少しでも手前から入ると球は飛ばない。よりシビアな状況で完全なクリーンヒットを覚えるためだ(片山晋呉はバンカーでわざとボールを少し潜らせた目玉の状態でやっている)。アマチュアはバ

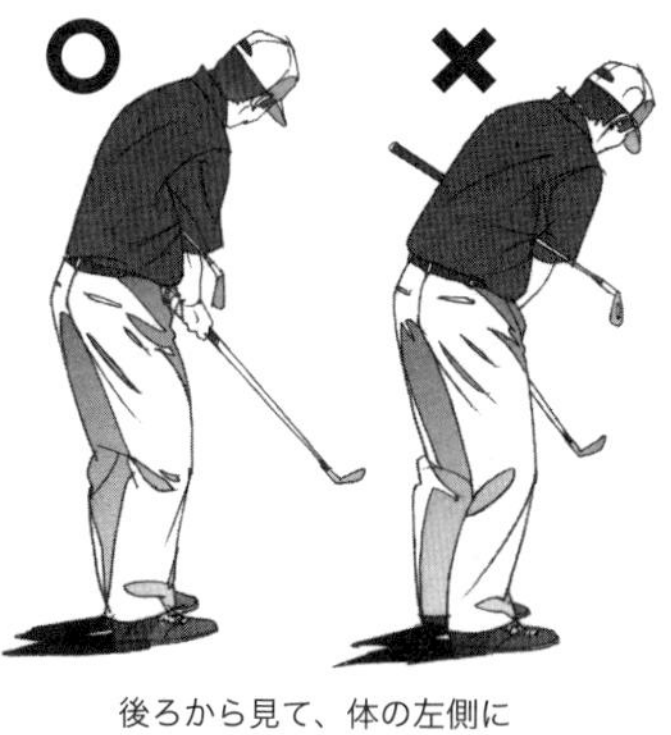


後ろから見て、体の左側に
シャフトが見えたら失敗

ンカーで練習はなかなかできないが、練習場の打席でも人工芝のマットの上ではなく、**足元の黒いゴムマットの部分や、人工マットの芝がはげたところなど、わざと悪いライで練習**すると、インパクトの精度が上がっていく。

## ●5ヤード刻みに打つ

2章で紹介したアプローチの距離感を作る振り幅の法則は、10、20、30と10ヤード刻みのもの。この間の距離は、ボールの位置を変えたり、クラブを短く持ったり、フェースを開いたりという距離が落ちる要素のどれかをミックスさせることで補うしかない。でもこれは実戦でいきなりできることではないから、**練習場では10ヤード刻みの振り幅をベースにしながら、5ヤード刻みで打つ**ことが大切だ。10ヤード刻みならワンピンには寄せられるが、5ヤード刻みの距離感が身についたらOKがもらえるしチップインだって狙えるようになる。

## ●パターマットで1ヤードキャリーの練習

プロはアプローチは振り幅が小さければ小さいほうが、芯に当たるミート率が上がって簡単だという。しかし、アマチュアはクラブを大きく振れるほうが安心して打てる。それは振り幅が小さいとリズムが狂いやすいのと、小さい振り幅の練習が極端に少ないことが原因だ。しかし練習場で小さい振り幅で打つのは、球がもったいない気がして数多くはできない。そこでお勧めなのが、パターマットを使って家でできる練習。**パターマットの上でSWでキャリー1ヤードのピッチ&ランを打つ**のだ。キャリー1ヤードはアプローチで最小限の振り幅。もっとも小さい振り幅で練習しておけば、本番での3ヤードや5ヤードは簡単になるはずだ。ピッチ&ランとはいってもSWならランはほとんど出ない。カツッとクリーンに当たれば1ヤードでも少しスピンが利くようにな

パターマットで行う1ヤードキャリーの練習で、5ヤード以内の距離感が劇的に向上する

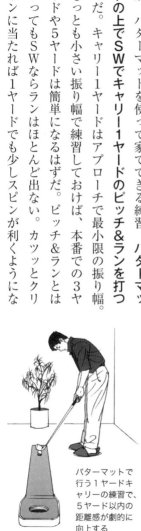

っていく。リズムもよくなるし、グリーン周りでSWを持つことが怖くなくなるはずだ。

## ●座布団を使うバンカー練習

アマチュアのバンカー下手はとにかく練習不足が最大原因。練習できる環境がなかなかないのだから仕方がない部分もあるが、環境がないなら作ればいいのだ。用意するのはゴルフショップならどこでも打っているプラスチックボールと座布団（クッションでもいい）。座布団の上に置いたプラスチックボールをバンカーショットの要領で打つわけだが、**フェースをしっかり開いて、バウンスを座布団に叩きつけるようにしながらしっかり振り抜く**こと。クラブを振れる広さがあれば、家の中でもできる練習だ。

いくらフェースを開いても、ソールは跳ねないので安心して打てる

## ●ティアップするバンカー練習

座布団を使った練習は、バンカーが苦手な人が1発で脱出できるようになるためのもの。次のステップは、バンカーからワンパット圏内に寄せるスキルを身につける練習。確実に寄せるためには、砂を取る量を安定させることが肝心。同じスウィングをしても、砂の取れる量がバラバラだと飛ぶ距離は変わってしまうからだ。練習場で、**高めにティアップしたボールの下のティだけを打つ**ようにする。球を直接打つとホームランになり、ティの下のほうを打ちすぎると球は全然飛ばない。ボールのすぐ下のティを打てるようになると、球がフワッと上がるようになる。本番では砂の下にティが埋まっているとイメージして打つといい。

ティの同じところを打てれば砂を取る量が一定になった証拠

# プロもやっている！ パットレベルアップ練習法

## ●右手打ち

アプローチと同様に、片手で打つ練習はツアーの練習グリーンでもよく目にする光景。もちろん左右両方やるほうがいいが、パッティングは感性が大切だから、器用な右手を重点的に練習したほうがいい。片手でストロークすると、最初はテークバックでヘッドが揺れて真っすぐ引けないだろう。**わきを軽く締めて腹筋・背筋で肩を上下に動かす**ようにすれば、片手でもヘッドが真っすぐ動くようになる。手首の角度をキープしながら、体をどう使えばヘッドが低く長

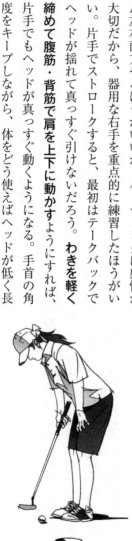

く真っすぐ出せるか、考えながら練習するべきだ。

●ティ2本刺し

パターヘッドのトウとヒールの外側に、ヘッドの長さよりやや幅が広くなるようにティを刺す。この2本のティに当たらないように間を通して球を打つ練習で、上田桃子がよくやっていた。真っすぐ正確なストロークができないとティに当たってしまう。ただし、ヘッドの動きを気にして目で追っているうちは上手くいかない。**目はボールから離さずに体の内側の筋肉を使えるようになれば、ストロークが安定**してくるはずだ。慣れてきたらティの幅をヘッドの長さぎりぎりまで狭くしていこう。

スクェアに当てる感覚と正確なストロークが身につく

**●ボール2個**

ぴったりくっつけた**2個のボールを1度に打つ練習**。フェースが少しでも開いて当たると右側の球がちゃんと転がらないし、フェースがかぶって当たると左側の球の転がりが悪くなる。2球とも同じように転がったら、フェースがスクェアに当たったということだ。

**●ボール挟み**

おもちゃ屋で売っているような空気の入った**ゴムボールを、両腕で挟んだまま打つ**。腕だけ動かしてわきが開いてしまうような人は、ボールが落ちてしまう。落とさず打つには手と腕が使えないから、腹筋で打つ感覚が身についていく。

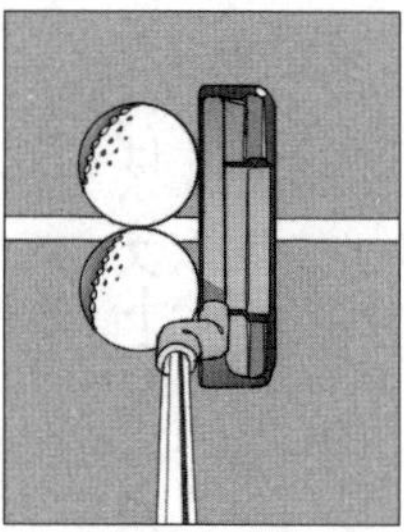

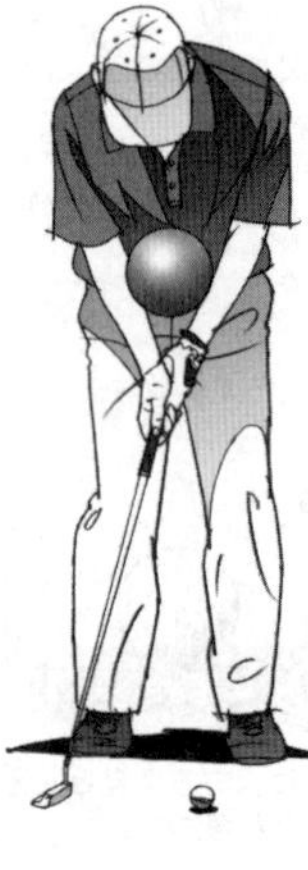

**●割り箸**

フェース面のスイートスポットを中心に、3センチ幅くらいで短く切った割り箸を貼りつけて（セロテープでOK）打つ。芯で打てば割り箸に当たらないが、実はかなり難易度の高い練習で、最初のうちは割り箸に当たってしまい真っすぐ転がらないはずだ。腹筋を使いながら、なるべく**小さい振り幅でしっかりストロークすれば、芯に当たるようになっていく**。集中力も磨かれるだろう。

**●ヘッドにコイン**

北田瑠衣お勧めの練習法。**パターヘッドに硬貨を乗せたまま、落とさないように打つ**からリズムがよくなりストロークがゆったりとしていく。打ち急ぐ人やインパクトを緩めてしまう人、パンチが入

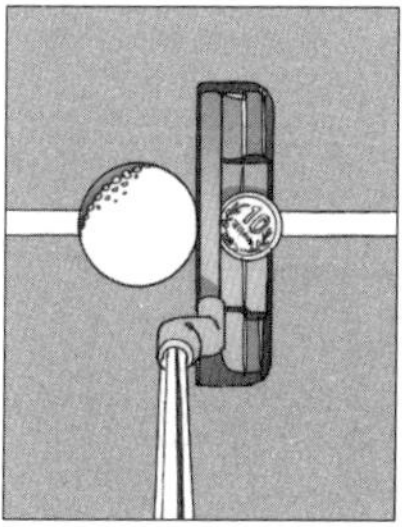

る人は必ず効果が出るはずだ。

**●ボールに3本線**

ボールに3本の平行線を書いて、その**線をターゲットに真っすぐ合わせて置く**（必ずストレートラインで）。あとは普通に打つだけだが、転がっている球の線が見えなくなったらアウト。フェースがスクェアに当たっていないか、芯で打ててないか、軌道がアウトサイドインかインサイドアウトになっている証拠。3本線が見えたまきれいに転がるようになったら、真っすぐなストロークでフェースはスクェアで、芯で打てたということ。

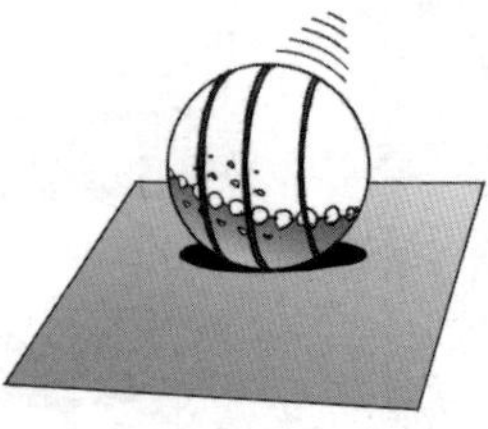

## ●クラブ置き

ヘッドよりも少し広い幅で、ターゲットに向かって真っすぐ平行に2本のクラブを置く。その中で球を打つから、ヘッド軌道が真っすぐではないとクラブに当たってしまう。**アドレスでフェースをスクエアにセットする練習**にもなる。

■著者略歴
**ゴルフ上達アカデミー**
アマチュアゴルファーの悩みを解決すべく、日々活動を行っているシングルゴルファー集団。超一流プロゴルファーに接することで得てきた知識はどれも実践的で評価が高い。

■デザイン／杉浦　晃生
■イラスト／高橋　道彦
■技術監修／伊丹　大介（日本ゴルフアカデミー主宰）
■ＤＴＰ／編集室クルー

※本書は、小社刊『練習しなくても10打よくなるアプローチ・パター』(2010年発行) から抜粋し、再編集したものです。

練習なしでも10打よくなる！
アプローチ・パター

2021年6月10日　第1刷発行

著　者　ゴルフ上達アカデミー
発行者　永岡純一
発行所　株式会社永岡書店
〒176-8518　東京都練馬区豊玉上 1-7-14
代表 03(3992)5155
編集 03(3992)7191
印刷　精文堂印刷
製本　ヤマナカ製本

ISBN978-4-522-43925-8 C0075
落丁本・乱丁本はお取り替えいたします。